Victor Hugo

Les Misérables - Tome I - Fantine

Livre Cinquième – La Descente et Livre Sixième - Javert

1

a the Eurostar ow

Enjoy
lots of love,
Megan

Victor Hugo

Les Misérables - Tome I - Fantine

Livre Cinquième – La Descente et Livre Sixième - Javert

GRIN Verlag

Bibliografische Information der Deutschen Nationalbibliothek: Die Deutsche Bibliothek
verzeichnet diese Publikation in der Deutschen Nationalbibliografie; detaillierte bibliografische Daten sind im Internet über http://dnb.d-nb.de/ abrufbar.

1. Auflage 2009
Copyright © 2009 GRIN Verlag
http://www.grin.com/
Druck und Bindung: Books on Demand GmbH, Norderstedt Germany
ISBN 978-3-640-24699-1

Victor Hugo

Les Misérables

Tome I

Fantine

Livre Cinquième – La Descente

Livre Sixième - Javert

Sommaire

LIVRE CINQUIÈME: LA DESCENTE

Chapitre I: Histoire d'un progrès dans les verroteries noires

Cette mère cependant qui, au dire des gens de Montfermeil, semblait avoir abandonné son enfant, que devenait-elle? où était-elle? que faisait-elle?

Après avoir laissé sa petite Cosette aux Thénardier, elle avait continué son chemin et était arrivée à Montreuil-sur-Mer. C'était, on se le rappelle, en 1818.

Fantine avait quitté sa province depuis une dizaine d'années. Montreuil-sur-Mer avait changé d'aspect. Tandis que Fantine descendait lentement de misère en misère, sa ville natale avait prospéré.

Depuis deux ans environ, il s'y était accompli un de ces faits industriels qui sont les grands événements des petits pays.

Ce détail importe, et nous croyons utile de le développer; nous dirions presque, de le souligner.

De temps immémorial, Montreuil-sur-Mer avait pour industrie spéciale l'imitation des jais anglais et des verroteries noires d'Allemagne. Cette industrie avait toujours végété, à cause de la cherté des matières premières qui réagissait sur la main-d'œuvre. Au moment où Fantine revint à Montreuil-sur-Mer, une transformation inouïe s'était opérée dans cette production des «articles noirs». Vers la fin de 1815, un homme, un inconnu, était venu s'établir dans la ville et avait eu l'idée de substituer, dans cette fabrication, la gomme laque à la résine et, pour les bracelets en particulier, les coulants en tôle simplement rapprochée aux coulants en tôle soudée. Ce tout petit changement avait été une révolution.

Ce tout petit changement en effet avait prodigieusement réduit le prix de la matière première, ce qui avait permis, premièrement d'élever le prix de la main-d'œuvre, bienfait pour le pays, deuxièmement d'améliorer la fabrication, avantage pour le consommateur, troisièmement de vendre à meilleur marché tout en triplant le bénéfice, profit pour le manufacturier.

Ainsi pour une idée trois résultats.

En moins de trois ans, l'auteur de ce procédé était devenu riche, ce qui est bien, et avait tout fait riche autour de lui, ce qui est mieux. Il était étranger au département! De son origine, on ne savait rien; de ses commencements, peu de chose.

On contait qu'il était venu dans la ville avec fort peu d'argent, quelques centaines de francs tout au plus.

4

C'est de ce mince capital, mis au service d'une idée ingénieuse, fécondé par l'ordre et par la pensée, qu'il avait tiré sa fortune et la fortune de tout ce pays.

À son arrivée à Montreuil-sur-Mer, il n'avait que les vêtements, la tournure et le langage d'un ouvrier.

Il paraît que, le jour même où il faisait obscurément son entrée dans la petite ville de Montreuil-sur-Mer, à la tombée d'un soir de décembre, le sac au dos et le bâton d'épine à la main, un gros incendie venait d'éclater à la maison commune. Cet homme s'était jeté dans le feu, et avait sauvé, au péril de sa vie, deux enfants qui se trouvaient être ceux du capitaine de gendarmerie; ce qui fait qu'on n'avait pas songé à lui demander son passe-port. Depuis lors, on avait su son nom. Il s'appelait *le père Madeleine*.

Chapitre II: Madeleine

C'était un homme d'environ cinquante ans, qui avait l'air préoccupé et qui était bon. Voilà tout ce qu'on en pouvait dire.

Grâce aux progrès rapides de cette industrie qu'il avait si admirablement remaniée, Montreuil-sur-Mer, pour ce commerce, faisait presque concurrence à Londres et à Berlin, Les bénéfices du père Madeleine étaient tels que, dès la deuxième année, il avait pu bâtir une grande fabrique dans laquelle il y avait deux vastes ateliers, l'un pour les hommes, l'autre pour les femmes. Quiconque avait faim pouvait s'y présenter, et était sûr de trouver là de l'emploi et du pain. Le père Madeleine demandait aux hommes de la bonne volonté, aux femmes des mœurs pures, à tous de la probité. Il avait divisé les ateliers, afin de séparer les sexes et que les filles et les femmes pussent rester sages. Sur ce point, il était inflexible. C'était le seul où il fût en quelque sorte intolérant. Il était d'autant plus fondé à cette sévérité que, Montreuil-sur-Mer étant une ville de garnison, les occasions de corruption abondaient. Du reste sa venue avait été un bienfait, et sa présence était une providence. Avant l'arrivée du père Madeleine, tout languissait dans le pays; maintenant tout y vivait de la vie saine du travail. Une forte circulation échauffait tout et pénétrait partout. Le chômage et la misère étaient inconnus. Il n'y avait pas de poche si obscure où il n'y eût un peu d'argent, pas de logis si pauvre où il n'y eût un peu de joie.

Le père Madeleine employait tout le monde. Il n'exigeait qu'une chose: soyez honnête homme! soyez honnête fille!

Comme nous l'avons dit, au milieu de cette activité dont il était la cause et le pivot, le père Madeleine faisait sa fortune, mais, chose assez singulière dans un simple homme de commerce, il ne paraissait point que ce fût là son principal souci. Il semblait qu'il songeât beaucoup aux autres et peu à lui. En 1820, on lui connaissait une somme de six cent mille francs, il avait dépensé plus d'un million pour la ville et pour les pauvres.

L'hôpital était mal doté; il y avait fondé deux lits. Montreuil-sur-Mer est divisé en ville haute et ville basse. La ville basse qu'il habitait n'avait qu'une école, méchante masure qui tombait en ruine; il en avait construit deux, une pour les filles, l'autre pour les garçons. Il allouait de ses deniers aux deux instituteurs une indemnité double de leur maigre traitement officiel, et un jour, à quelqu'un qui s'en étonnait, il dit: «Les deux premiers fonctionnaires de l'état, c'est la nourrice et le maître d'école.» Il avait créé à ses frais une salle d'asile, chose alors presque inconnue en France, et une caisse de secours pour les ouvriers vieux et infirmes. Sa manufacture étant un centre, un nouveau quartier où il y avait bon nombre de familles indigentes avait rapidement surgi autour de lui; il y avait établi une pharmacie gratuite.

Dans les premiers temps, quand on le vit commencer, les bonnes âmes dirent: C'est un gaillard qui veut s'enrichir. Quand on le vit enrichir le pays avant de s'enrichir lui-même, les mêmes bonnes âmes dirent: C'est un ambitieux. Cela semblait d'autant plus probable que cet homme était religieux, et même pratiquait dans une certaine mesure, chose fort bien vue à cette époque. Il allait régulièrement entendre une basse messe tous les dimanches. Le député local, qui flairait partout des concurrences, ne tarda pas à s'inquiéter de cette religion. Ce député, qui avait été membre du corps législatif de l'empire, partageait les idées religieuses d'un père de l'oratoire connu sous le nom de Fouché, duc d'Otrante, dont il avait été la créature et l'ami. À huis clos il riait de Dieu doucement. Mais quand il vit le riche manufacturier Madeleine aller à la basse messe de sept heures, il entrevit un candidat possible, et résolut de lé dépasser; il prit un confesseur jésuite et alla à la grand'messe et à vêpres. L'ambition en ce temps-là était, dans l'acception directe du mot, une course au clocher. Les pauvres profitèrent de cette terreur comme le bon Dieu, car l'honorable député fonda aussi deux lits à l'hôpital; ce qui fit douze.

Cependant en 1819 le bruit se répandit un matin dans la ville que, sur la présentation de M. le préfet et en considération des services rendus au pays, le père Madeleine allait être nommé par le roi maire de Montreuil-sur-Mer. Ceux qui avaient déclaré ce nouveau venu «un ambitieux» saisirent avec transport cette occasion que tous les hommes souhaitent de s'écrier: Là! qu'est-ce que nous avions dit? Tout Montreuil-sur-Mer fut en rumeur. Le bruit était fondé. Quelques jours après, la nomination parut dans le *Moniteur.* Le lendemain, le père Madeleine refusa.

Dans cette même année 1819, les produits du nouveau procédé inventé par Madeleine figurèrent à l'exposition de l'industrie; sur le rapport du jury, le roi nomma l'inventeur chevalier de la légion d'honneur. Nouvelle rumeur dans la petite ville. Eh bien! c'est la croix qu'il voulait! Le père Madeleine refusa la croix.

Décidément cet homme était une énigme. Les bonnes âmes se tirèrent d'affaire en disant: Après tout, c'est une espèce d'aventurier.

On l'a vu, le pays lui devait beaucoup, les pauvres lui devaient tout; il était si utile qu'il avait bien fallu qu'on finît par l'aimer; ses ouvriers en particulier l'adoraient, et il portait cette adoration avec une sorte de gravité mélancolique. Quand il fut constaté riche, «des personnes de la société» le saluèrent, et on l'appela dans la ville monsieur Madeleine; ses ouvriers et les enfants continuèrent de l'appeler *le père Madeleine,* et c'était la chose qui le faisait le mieux sourire. À mesure qu'il montait, les invitations pleuvaient sur lui. «La société» le réclamait. Les petits salons guindés de Montreuil-sur-Mer qui, bien entendu, se fussent dans les premiers temps fermés à l'artisan, s'ouvrirent à deux battants au millionnaire. On lui fit mille avances. Il refusa.

Cette fois encore les bonnes âmes ne furent point empêchées. — C'est un homme ignorant et de basse éducation. On ne sait d'où cela sort. Il ne saurait pas se tenir dans le monde. Il n'est pas du tout prouvé qu'il sache lire.

Quand on l'avait vu gagner de l'argent, on avait dit: c'est un marchand. Quand on l'avait vu semer son argent, on avait dit: c'est un ambitieux. Quand on l'avait vu repousser les honneurs on avait dit: c'est un aventurier. Quand on le vit repousser le monde, on dit: c'est une brute.

En 1820, cinq ans après son arrivée à Montreuil-sur-Mer, les services qu'il avait rendus au pays étaient si éclatants, le vœu de la contrée fut tellement unanime, que le roi le nomma de nouveau maire de la ville. Il refusa encore, mais le préfet résista à son refus, tous les notables vinrent le prier, le peuple en pleine rue le suppliait, l'insistance fut si vive qu'il finit par accepter. On remarqua que ce qui parut surtout le déterminer, ce fut l'apostrophe presque irritée d'une vieille femme du peuple qui lui cria du seuil de sa porte avec humeur: *Un bon maire, c'est utile. Est-ce qu'on recule devant du bien qu'on peut faire?*

Ce fut là la troisième phase de son ascension. Le père Madeleine était devenu monsieur Madeleine, monsieur Madeleine devint monsieur le maire.

Chapitre III: Sommes déposées chez Laffitte

Du reste, il était demeuré aussi simple que le premier jour. Il avait les cheveux gris, l'œil sérieux, le teint hâlé d'un ouvrier, le visage pensif d'un philosophe. Il portait habituellement un chapeau à bords larges et une longue redingote de gros drap, boutonnée jusqu'au menton. Il remplissait ses fonctions de maire, mais hors de là il vivait solitaire. Il parlait à peu de monde, Il se dérobait aux politesses, saluait de côté, s'esquivait vite, souriait pour se dispenser de causer, donnait pour se dispenser do sourire. Les femmes disaient de lui: Quel bon ours! Son plaisir était de se promener dans les champs.

Il prenait ses repas toujours seul, avec un livre ouvert devant lui où il lisait. Il avait une petite bibliothèque bien faite. Il aimait les livres; les livres sont des amis froids et sûrs. À mesure que le loisir lui venait avec la fortune, il semblait qu'il en profitât pour cultiver son esprit. Depuis qu'il était à Montreuil-sur-Mer, on remarquait que d'année en année son langage devenait plus poli, plus choisi et plus doux.

Il emportait volontiers un fusil dans ses promenades, mais il s'en servait rarement. Quand cela lui arrivait par aventure, il avait un tir infaillible qui effrayait. Jamais il ne tuait un animal inoffensif. Jamais il ne tirait un petit oiseau.

Quoiqu'il ne fût plus jeune, on contait qu'il était d'une force prodigieuse. Il offrait un coup de main à qui en avait besoin, relevait un cheval, poussait à une roue embourbée, arrêtait par les cornes un taureau échappé. Il avait toujours ses poches pleines de monnaie en sortant et vides en rentrant. Quand il passait dans un village, les marmots déguenillés couraient joyeusement après lui et l'entouraient comme une nuée de moucherons.

On croyait deviner qu'il avait dû vivre jadis de la vie des champs, car il avait toutes sortes de secrets utiles qu'il enseignait aux paysans. Il leur apprenait à détruire la teigne des blés en aspergeant le grenier et en inondant les fentes du plancher d'une dissolution de sel commun, et à chasser les charançons en suspendant partout, aux murs et aux toits, dans les herbages et dans les maisons, de l'orviot en fleur. Il avait des «recettes» pour extirper d'un champ la luzette, la nielle, la vesce, la gaverolle, la queue-de-renard, toutes les herbes parasites qui mangent le blé. Il défendait une lapinière contre les rats, rien qu'avec l'odeur d'un petit cochon de Barbarie qu'il y mettait.

Un jour il voyait des gens du pays très occupés à arracher des orties; il regarda ce tas de plantes déracinées èt déjà desséchées, et dit: — C'est mort. Cela serait pourtant bon si l'on savait s'en servir. Quant l'ortie est jeune, la feuille est un légume excellent; quand elle vieillit, elle a des filaments et des fibres comme le chanvre et le lin. La toile d'ortie vaut la toile de chanvre. Hachée, l'ortie est bonne pour la volaille; broyée, elle est bonne pour lès bêtes à cornes, La graine de l'ortie mêlée au fourrage donne du luisant au poil des animaux; la racine mêlée au sel produit une belle couleur jaune. C'est du reste un excellent foin qu'on peut faucher deux fois. Et que faut-il à l'ortie? Peu de terre, nul soin, nulle culture. Seulement la graine tombe à mesure qu'elle mûrit, et est difficile à récolter. Avec quelque peine qu'on prendrait, l'ortie serait utile; on la néglige, elle devient nuisible. Alors on la tue. Que d'hommes ressemblent à l'ortie! — Il ajouta après un silence: Mes amis, retenez ceci, il n'y a ni mauvaises herbes ni mauvais hommes. Il n'y a que de mauvais cultivateurs.

Les enfants l'aimaient encore parce qu'il savait faire de charmants petits ouvrages avec de la paille et des noix de coco.

Quand il voyait la porte d'une église tendue de noir, il entrait; il recherchait un enterrement comme d'autres recherchent un baptême. Le veuvage et le malheur d'autrui l'attiraient à cause de sa grande douceur; il se mêlait aux amis en deuil, aux familles vêtues de noir, aux prêtres gémissant autour d'un cercueil. Il semblait donner volontiers pour texte à ses pensées ces psalmodies funèbres pleines de la vision d'un autre monde. L'œil au ciel, il écoutait, avec une sorte d'aspiration vers tous les mystères de l'infini, ces voix tristes qui chantent sur le bord de l'abîme obscur de la mort.

Il faisait une foule de bonnes actions en se cachant comme on se cache pour les mauvaises. Il pénétrait à la dérobée, le soir, dans les maisons; il montait furtivement des escaliers. Un pauvre diable, en rentrant dans son galetas, trouvait que sa porte avait été ouverte, quelquefois même forcée, dans son absence. Le pauvre homme se récriait: quelque malfaiteur est venu! Il entrait, et la première chose qu'il voyait, c'était une pièce d'or oubliée sur un meuble. «Le malfaiteur» qui était venu, c'était le père Madeleine.

Il était affable et triste. Le peuple disait: Voilà un homme riche qui n'a pas l'air fier. Voilà un homme heureux qui n'a pas l'air content.

Quelques-uns prétendaient que c'était un personnage mystérieux et affirmaient qu'on n'entrait jamais dans sa chambre, laquelle était une vraie cellule d'anachorète meublée de sabliers ailés et enjolivée de tibias en croix et de têtes de mort. Cela se disait beaucoup, si bien que quelques jeunes femmes élégantes et malignes de Montreuil-sur-Mer vinrent chez lui un jour, et lui demandèrent: — Monsieur le maire, montrez-nous donc votre chambre. On dît que c'est une grotte. — Il sourit, et les introduisit sur-le-champ dans cette «grotte». Elles furent bien punies de leur curiosité. C'était une chambre garnie tout bonnement de meubles d'acajou assez laids comme tous les meubles de ce genre et tapissée de papier à douze sous. Elles n'y purent rien remarquer que deux flambeaux de forme vieillie qui étaient sur la cheminée et qui avaient l'air d'être en argent, «car ils étaient contrôlés». Observation pleine de l'esprit des petites villes.

On n'en continua pas moins de dire que personne ne pénétrait dans cette chambre et que c'était une caverne d'ermite, un rêvoir, un trou, un tombeau.

On se chuchotait aussi qu'il avait des sommes «immenses» déposées chez Laffitte, avec cette particularité qu'elles étaient toujours à sa disposition immédiate, de telle sorte, ajoutait-on, que M. Madeleine pourrait arriver un matin chez Laffitte, signer un reçu et emporter ses deux ou trois millions en dix minutes. Dans la réalité ces «deux ou trois millions» se réduisaient, nous l'avons dit, à six cent trente ou quarante mille francs.

Chapitre IV: M. Madeleine en deuil

Au commencement de 1821, les journaux annoncèrent la mort de M. Myriel, évêque de Digne, «surnommé *monseigneur Bienvenu*», et trépassé en odeur de sainteté à l'âge de quatre-vingt-deux ans,

L'évêque de Digne, pour ajouter ici un détail que les journaux omirent, était, quand il mourut, depuis plusieurs années aveugle, et content d'être aveugle, sa sœur étant près de lui.

Disons-le en passant, être aveugle et être aimé, c'est en effet, sur cette terre où rien n'est complet, une des formes les plus étrangement exquises du bonheur. Avoir continuellement à ses côtés une femme, une fille, une sœur, un être charmant, qui est là parce que vous avez besoin d'elle et parce qu'elle ne peut se passer de vous, se savoir indispensable à qui nous est nécessaire, pouvoir incessamment mesurer son affection à la quantité de présence qu'elle nous donne, et se dire: puisqu'elle me consacre tout son temps, c'est que j'ai tout son cœur; voir la pensée à défaut de la figure, constater la fidélité d'un être dans l'éclipse du monde; percevoir le frôlement d'une robe comme un bruit d'ailes, l'entendre aller et venir, sortir, rentrer, parler, chanter, et songer qu'on est le centre de ces pas, de cette parole, de ce chant; manifester à chaque minute sa propre attraction, se sentir d'autant plus puissant qu'on est plus infirme, devenir dans l'obscurité, et par l'obscurité, l'astre autour duquel gravite cet ange, peu de félicités égalent celle-là. Le suprême bonheur de la vie, c'est la conviction qu'on est aimé; aimé pour soi-même, disons mieux, aimé malgré soi-même; cette conviction, l'aveugle l'a. Dans celle détresse, être servi, c'est être caressé. Lui manque-t-il quelque chose? Non. Ce n'est point perdre la lumière qu'avoir l'amour, Et quel amour! un amour entièrement fait de vertu. Il n'y a point de cécité où il y a certitude. L'âme à tâtons cherche l'âme, et la trouve. Et cette âme trouvée et prouvée est une femme. Une main vous soutient, c'est la sienne; une bouche effleure votre front, c'est sa bouche; vous entendez une respiration tout près de vous, c'est elle. Tout avoir d'elle, depuis son culte jusqu'à sa pitié, n'être jamais quitté, avoir cette douce faiblesse qui vous secourt, s'appuyer sur ce roseau inébranlable, toucher de ses mains la providence et pouvoir la prendre dans ses bras; Dieu palpable, quel ravissement! Le cœur, cette céleste fleur obscure, entre dans un épanouissement mystérieux. On ne donnerait pas cette ombre pour toute la clarté. L'âme ange est là, sans cesse là; si elle s'éloigne, c'est pour revenir; elle s'efface comme le rêve et reparaît comme la réalité. On sent de la chaleur qui approche, la voilà. On déborde de sérénité, de gaîté et d'extase; on est un rayonnement dans la nuit. Et mille petits soins. Des riens qui sont énormes dans ce vide. Les plus ineffables accents de la voix féminine employés à vous bercer, et suppléant pour vous à l'univers évanoui. On est caressé avec de l'âme. On ne voit rien, mais on se sent adoré. C'est un paradis de ténèbres.

C'est de ce paradis que monseigneur Bienvenu était passé à l'autre.

L'annonce de sa mort fut reproduite par le journal local de Montreuil-sur-Mer. M. Madeleine parut le lendemain tout en noir avec un crêpe à son chapeau.

On remarqua dans la ville ce deuil, et l'on jasa. Cela parut une lueur sur l'origine de M, Madeleine. On en conclut qu'il avait quelque alliance avec le vénérable évêque. *Il drape pour l'évêque de Digne,* dirent les salons; cela rehaussa fort M. Madeleine, et lui donna subitement et d'emblée une certaine considération dans le monde noble de Montreuil-sur-Mer. Le microscopique faubourg Saint-Germain de l'endroit songea à faire cesser la quarantaine de M. Madeleine, parent probable d'un évêque. M. Madeleine, s'aperçut de l'avancement qu'il obtenait à plus de révérences des vieilles femmes et à plus de sourires des jeunes. Un soir, une doyenne de ce petit grand monde-là, curieuse par droit d'ancienneté, se hasarda à lui demander: — Monsieur le maire est sans doute cousin du feu évêque de Digne?

Il dit: — Non, madame.

— Mais, reprit la douairière, vous en portez le deuil? Il répondit: — C'est que dans ma jeunesse j'ai été laquais dans sa famille.

Une remarque qu'on faisait encore, c'est que, chaque fois qu'il passait dans la ville un jeune savoyard courant le pays et cherchant des cheminées à ramoner, M. le maire le faisait appeler, lui demandait son nom, et lui donnait de l'argent. Les petits savoyards se le disaient et il en passait beaucoup.

Chapitre V: Vagues éclairs à l'horizon

Peu à peu, et avec le temps, toutes les oppositions étaient tombées. Il y avait eu d'abord contre M. Madeleine, sorte de loi que subissent toujours ceux qui s'élèvent, des noirceurs et des calomnies, puis ce ne fut plus que des méchancetés, puis ce ne fut plus que des malices, puis cela s'évanouit tout à fait; le respect devint complet, unanime, cordial, et il arriva un moment, vers 1821, où ce mot; monsieur le maire, fut prononcé à Montreuil-sur-Mer presque du même accent que ce mot: monseigneur l'évêque, était prononcé à Digne en 1815. On venait de dix lieues à la ronde consulter M, Madeleine. Il terminait les différends, il empêchait les procès, il réconciliait les ennemis. Chacun le prenait pour juge de son bon droit. Il semblait qu'il eût pour âme le livre de la loi naturelle. Ce fut comme une contagion de vénération qui, en six ou sept ans et de proche en proche, gagna tout le pays.

Un seul homme, dans la ville et dans l'arrondissement, se déroba absolument à celte contagion, et, quoi que fît le père Madeleine, y demeura rebelle, comme si une sorte d'instinct, incorruptible et imperturbable, l'éveillait et l'inquiétait. Il semblerait en effet qu'il existe dans certains hommes un véritable instinct bestial, pur et intègre comme tout instinct, qui crée les antipathies et les sympathies, qui sépare fatalement une nature d'une autre nature, qui n'hésite pas, qui ne se trouble, ne se tait et ne se dément jamais, clair dans son obscurité, infaillible, impérieux, réfractaire à tous les conseils de l'intelligence et à tous les dissolvants de la raison, et qui, de quelque façon que les destinées soient faites, avertit secrètement l'homme-chien de la présence de l'homme-chat, et l'homme-renard de la présence de l'homme-lion.

Souvent, quand M. Madeleine passait dans une rue, calme, affectueux, entouré des bénédictions de tous, il arrivait qu'un homme de haute taille, vêtu d'une redingote gris de fer, armé d'une grosse canne et coiffé d'un chapeau rabattu, se retournait brusquement derrière lui, et le suivait des yeux jusqu'à ce qu'il eût disparu, croisant les bras, secouant lentement la tête, et haussant sa lèvre supérieure avec sa lèvre inférieure jusqu'à son nez, sorte de grimace significative qui pourrait se traduire par: — Mais qu'est-ce que c'est que cet homme-là? — Pour sûr je l'ai vu quelque part. — En tout cas, je ne suis toujours pas sa dupe.

Ce personnage, grave d'une gravité presque menaçante, était de ceux qui, même rapidement entrevus, préoccupent l'observateur. Il se nommait Javert, et il était de la police.

Il remplissait à Montreuil-sur-Mer les fonctions pénibles, mais utiles, d'inspecteur. Il n'avait pas vu les commencements de Madeleine. Javert devait le poste qu'il occupait à la protection de M. Chabouillet, le secrétaire du ministre d'état comte Anglès, alors préfet de police à Paris. Quand Javert était arrivé à Montreuil-sur-Mer, la fortune du grand manufacturier était déjà faite, et le père Madeleine était devenu monsieur Madeleine.

Certains officiers de police ont une physionomie à part et qui se complique d'un air de bassesse mêlé à un air d'autorité. Javert avait cette physionomie, moins la bassesse.

Dans notre conviction, si les âmes étaient visibles aux yeux, on verrait distinctement cette chose étrange que chacun des individus de l'espèce humaine correspond à quelqu'une des espèces de la création animale; et l'on pourrait reconnaître aisément cette vérité à peine entrevue par le penseur, que, depuis l'huître jusqu'à l'aigle, depuis le porc jusqu'au tigre, tous les animaux sont dans l'homme et que chacun d'eux est dans un homme. Quelquefois même plusieurs d'entre eux à la fois.

Les animaux ne sont pas autre chose que les figures de nos vertus et de nos vices, errantes devant nos yeux, les fantômes visibles de nos âmes. Dieu nous les montre pour nous faire réfléchir. Seulement, comme les animaux ne sont que des ombres, Dieu ne les a point faits éducables dans le sens complet du mot; à quoi bon? Au contraire, nos âmes étant des réalités et ayant une fin qui leur est propre, Dieu leur a donné l'intelligence, c'est-à-dire l'éducation possible. L'éducation sociale bien faite peut toujours tirer d'une âme, quelle qu'elle soit, l'utilité qu'elle contient.

Ceci soit dit, bien entendu, au point de vue restreint dé la vie terrestre apparente, et sans préjuger la question profonde de la personnalité antérieure ou ultérieure des êtres qui ne sont pas l'homme. Le moi visible n'autorise en aucune façon le penseur à nier le moi latent. Cette réserve faite, passons.

Maintenant, si l'on admet un moment avec nous que dans tout homme il y a une des espèces animales de la création, il nous sera facile de dire ce que c'était que l'officier de paix Javert.

Les paysans asturiens sont convaincus que dans toute portée de louve il y a un chien, lequel est tué par la mère, sans quoi en grandissant il dévorerait les autres petits.

Donnez une face humaine à ce chien fils d'une louve, et ce sera Javert.

Javert était né dans une prison d'une tireuse de cartes dont le mari était aux galères. En grandissant, il pensa qu'il était en dehors de la société et désespéra d'y rentrer jamais, Il remarqua que la société maintient irrémissiblement en dehors d'elle deux classes d'hommes, ceux qui l'attaquent et ceux qui la gardent; il n'avait le choix qu'entre ces deux classes; en même temps il se sentait je ne sais quel fond de rigidité, de régularité et de probité, compliqué d'une inexprimable haine pour cette race de bohèmes dont il était. Il entra dans la police. Il y réussit. À quarante ans il était inspecteur.

Il avait dans sa jeunesse été employé dans les chiourmes du midi.

Avant d'aller plus loin, entendons-nous sur ce mot face humaine que nous appliquions tout à l'heure à Javert.

La face humaine de Javert consistait en un nez camard, avec deux profondes narines vers lesquelles montaient sur ses deux joues d'énormes favoris. On se sentait mal à l'aise la première fois qu'on voyait ces deux forêts et ces deux cavernes. Quand Javert riait, ce qui était rare et terrible, ses lèvres minces s'écartaient, et laissaient voir, non seulement ses dents, mais ses gencives, et il se faisait autour de son nez un plissement épaté et sauvage comme sur un mufle de bête fauve. Javert sérieux était un dogue; lorsqu'il riait, c'était un tigre. Du reste, peu de crâne, beaucoup de mâchoire, les cheveux cachant le front et tombant sur les sourcils, entre les deux yeux un froncement central permanent comme une étoile de colère, le regard obscur, la bouche pincée et redoutable, l'air du commandement féroce.

Cet homme était composé de deux sentiments très simples et relativement très bons, mais qu'il faisait presque mauvais à force de les exagérer, le respect de l'autorité, la haine de la rébellion; et à ses yeux le vol, le meurtre, tous les crimes, n'étaient que des formes de la rébellion. Il enveloppait dans une sorte de foi aveugle et profonde tout ce qui a une fonction dans l'état, depuis le premier ministre jusqu'au garde champêtre. Il couvrait de mépris, d'aversion et de dégoût tout ce qui avait franchi une fois le seuil légal du mal. Il était absolu et n'admettait pas d'exceptions. D'une part il disait: — Le fonctionnaire ne peut se tromper; le magistrat n'a jamais tort. — D'autre part il disait: — Ceux-ci sont irrémédiablement perdus. Rien de bon n'en peut sortir. — Il partageait pleinement l'opinion de ces esprits extrêmes qui attribuent à la loi humaine je ne sais quel pouvoir de faire ou, si l'on veut, de constater des démons, et qui mettent un Styx au bas de la société. Il était stoïque, sérieux, austère; rêveur triste; humble et hautain comme les fanatiques. Son regard était une vrille, cela était froid et cela perçait. Toute sa vie tenait dans ces deux mots: veiller et surveiller. Il avait introduit la ligne droite dans ce qu'il y a de plus tortueux au monde; il avait la conscience de son utilité, la religion de ses fonctions, et il était espion comme on est prêtre. Malheur à qui tombait sous sa main! Il eût arrêté son père s'évadant du bagne et dénoncé sa mère en rupture de ban. Et il l'eût fait avec cette sorte de satisfaction intérieure que donne la vertu. Avec cela une vie de privations, l'isolement, l'abnégation, la chasteté, jamais une distraction. C'était le devoir implacable, la police comprise comme les Spartiates comprenaient Sparte, un guet impitoyable, une honnêteté farouche, un mouchard marmoréen, Brutus dans Vidocq.

Toute la personne de Javert exprimait l'homme qui épie et qui se dérobe. L'école mystique de Joseph de Maistre, laquelle à cette époque assaisonnait de haute cosmogonie ce qu'on appelait les journaux ultras, n'eût pas manqué de dire que Javert était un symbole. On ne voyait pas son front qui disparaissait sous son chapeau, on ne voyait pas ses yeux qui se perdaient sous ses sourcils, on ne voyait pas son menton qui plongeait dans sa cravate, on ne voyait pas ses mains qui rentraient dans ses manches, on ne voyait pas sa canne qu'il portait sous sa redingote. Mais l'occasion venue, on voyait tout à coup sortir de toute cette ombre, comme d'une embuscade, un front anguleux et étroit, un regard funeste, un menton menaçant, des mains énormes, et un gourdin monstrueux.

À ses moments de loisirs, qui étaient peu fréquents, tout en haïssant les livres, il lisait; ce qui fait qu'il n'était pas complètement illettré. Cela se reconnaissait à quelque emphase dans sa parole.

Il n'avait aucun vice, nous l'avons dit. Quand il était content de lui, il s'accordait une prise de tabac. Il tenait à l'humanité par là.

On comprendra sans peine que Javert était l'effroi de toute cette classe que la statistique annuelle du ministère de la justice désigne sous la rubrique: *Gens sans aveu*. Le nom de Javert prononcé les mettait en déroute; la face de Javert apparaissant les pétrifiait.

Tel était cet homme formidable.

Javert était comme un œil toujours fixé sur M. Madeleine. Œil plein de soupçon et de conjectures. M. Madeleine avait fini par s'en apercevoir, mais il sembla que cela fût insignifiant pour lui. Il ne fit pas même une question à Javert, il ne le cherchait ni ne l'évitait, il portait sans paraître y faire attention, ce regard gênant et presque pesant. Il traitait Javert comme tout le monde, avec aisance et bonté.

À quelques paroles échappées à Javert, on devinait qu'il avait recherché secrètement, avec cette curiosité qui tient à la race et où il entre autant d'instinct que de volonté, toutes les traces antérieures que le père Madeleine avait pu laisser ailleurs. Il paraissait savoir, et il disait parfois à mots couverts, que quelqu'un avait pris certaines informations dans certains pays sur une certaine famille disparue. Une fois il lui arriva de dire, se parlant à lui-même: — Je crois que je le tiens! — Puis il resta trois jours pensif sans prononcer une parole. Il paraît que le fil qu'il croyait tenir s'était rompu.

Du reste, et ceci est le correctif nécessaire à ce que le sens de certains mots pourrait présenter de trop absolu, il ne peut y avoir rien de vraiment infaillible dans une créature humaine, et le propre de l'instinct est précisément de pouvoir être troublé, dépisté et dérouté, Sans quoi il serait supérieur à l'intelligence, et la bête se trouverait avoir une meilleure lumière que l'homme.

Javert était évidemment quelque peu déconcerté par le complet naturel et la tranquillité de M. Madeleine.

Un jour pourtant son étrange manière d'être parut faire impression sur M. Madeleine. Voici à quelle occasion.

Chapitre VI: Le père Fauchelevent

M. Madeleine passait un matin dans une ruelle non pavée de Montreuil-sur-Mer. Il entendit du bruit et vit un groupe à quelque distance. Il y alla. Un vieux homme, nommé le père Fauchelevent, venait de tomber sous sa charrette dont le cheval s'était abattu.

Ce Fauchelevent était un des rares ennemis qu'eût encore M. Madeleine à cette époque. Lorsque Madeleine était arrivé dans le pays, Fauchelevent, ancien tabellion et paysan presque lettré, avait un commerce qui commençait à aller mal. Fauchelevent avait vu ce simple ouvrier qui s'enrichissait, tandis que lui, maître, se ruinait. Cela l'avait rempli de jalousie, et il avait fait ce qu'il avait pu en toute occasion pour nuire à Madeleine, Puis la faillite était venue, et, vieux, n'ayant plus à lui qu'une charrette et un cheval, sans famille et sans enfants du reste, pour vivre il s'était fait charretier.

Le cheval avait les deux cuisses cassées et ne pouvait se relever. Le vieillard était engagé entre les roues. La chute avait été tellement malheureuse que toute la voiture pesait sur sa poitrine. La charrette était assez lourdement chargée. Le père Fauchelevent poussait des râles lamentables. On avait essayé de le tirer, mais en vain. Un effort désordonné, une aide maladroite, une secousse à faux pouvaient l'achever. Il était impossible de le dégager autrement qu'en soulevant la voiture par dessous. Javert, qui était survenu au moment de l'accident, avait envoyé chercher un cric.

M. Madeleine arriva. On s'écarta avec respect.

— À l'aide! criait le vieux Fauchelevent. Qui est ce qui est un bon enfant pour sauver le vieux?

M. Madeleine se tourna vers les assistants:

— A-t-on un cric?

— On en est allé quérir un, répondit un paysan.

— Dans combien de temps l'aura-t-on?

— On est allé au plus près, au lieu Flachot, où il y a un maréchal; mais c'est égal, il faudra bien un bon quart d'heure.

— Un quart d'heure! s'écria Madeleine.

Il avait plu la veille, le sol était détrempé, la charrette s'enfonçait dans la terre à chaque instant et comprimait de plus en plus la poitrine du vieux charretier. Il était évident qu'avant cinq minutes il aurait les côtes brisées.

19

— Il est impossible d'attendre un quart d'heure, dit Madeleine aux paysans qui regardaient.

— Il faut bien!

— Mais il ne sera plus temps! Vous ne voyez donc pas que la charrette s'enfonce?

— Dame!

— Écoutez, reprit Madeleine, il y a encore assez de place sous la voiture pour qu'un homme s'y glisse et la soulève avec son dos. Rien qu'une demi-minute, et l'on tirera le pauvre homme. Y a-t-il quelqu'un qui ait des reins et du cœur? Cinq louis d'or à gagner!

Personne ne bougea dans le groupe.

— Dix louis, dit Madeleine.

Les assistants baissaient les yeux. Un d'eux murmura: — Il faudrait être diablement fort. Et puis, on risque de se faire écraser!

— Allons! recommença Madeleine, vingt louis!

Même silence.

— Ce n'est pas la bonne volonté qui leur manque, dit une voix.

M. Madeleine se retourna, et reconnut Javert. Il ne l'avait pas aperçu en arrivant.

Javert continua:

— C'est la force. Il faudrait être un terrible homme pour faire la chose de lever une voiture comme cela sur son dos.

Puis regardant fixement M. Madeleine, il poursuivit en appuyant sur chacun des mots qu'il prononçait:

— Monsieur Madeleine, je n'ai jamais connu qu'un seul homme capable de faire ce que vous demandez là.

Madeleine tressaillit.

Javert ajouta avec un air d'indifférence, mais sans quitter des yeux Madeleine:

— C'était un forçat.

— Ah! dit Madeleine.

— Du bagne de Toulon.

Madeleine devint pâle.

Cependant la charrette continuait à s'enfoncer lentement. Le père Fauchelevent râlait et hurlait:

— J'étouffe! Ça me brise les côtes! Un cric! quelque chose! Ah!

Madeleine regarda autour de lui:

— Il n'y a donc personne qui veuille gagner vingt louis et sauver la vie à ce pauvre vieux?

Aucun des assistants ne remua. Javert reprit:

— Je n'ai jamais connu qu'un homme qui pût remplacer un cric, c'était ce forçat.

— Ah! voilà que ça m'écrase! cria le vieillard.

Madeleine leva la tête, rencontra l'œil de faucon de Javert toujours attaché sur lui, regarda les paysans immobiles, et sourit tristement. Puis, sans dire une parole, il tomba à genoux, et avant même que la foule eût eu le temps de jeter un cri, il était sous la voiture.

Il y eut un affreux moment d'attente et de silence.

On vit Madeleine presque à plat ventre sous ce poids effrayant essayer deux fois en vain de rapprocher ses coudes de ses genoux. On lui cria: — Père Madeleine! retirez-vous de là! — Le vieux Fauchelevent lui-même lui dit: — Monsieur Madeleine! allez-vous-en! C'est qu'il faut que je meure, voyez-vous! Laissez-moi! Vous allez vous faire écraser aussi! — Madeleine ne répondit pas.

Les assistants haletaient. Les roues avaient continué de s'enfoncer, et il était déjà devenu presque impossible que Madeleine sortît de dessous la voiture.

Tout à coup on vit l'énorme masse s'ébranler, la charrette se soulevait lentement, les roues sortaient à demi de l'ornière. On entendit une voix étouffée qui criait: Dépêchez-vous! aidez! C'était Madeleine qui venait de faire un dernier effort.

Ils se précipitèrent. Le dévouement d'un seul avait donné de la force et du courage à tous. La charrette fut enlevée par vingt bras. Le vieux Fauchelevent était sauvé.

Madeleine se releva. Il était blême, quoique ruisselant de sueur. Ses habits étaient déchirés et couverts de boue. Tous pleuraient. Le vieillard lui baisait les genoux et l'appelait le bon Dieu. Lui, il avait sur le visage je ne sais quelle expression de souffrance heureuse et céleste, et il fixait son œil tranquille sur Javert qui le regardait toujours.

21

Chapitre VII: Fauchelevent devient jardinier à Paris

Fauchelevent s'était démis la rotule dans sa chute. Le père Madeleine le fit transporter dans une infirmerie qu'il avait établie pour ses ouvriers dans le bâtiment même de sa fabrique et qui était desservie par deux sœurs de charité. Le lendemain matin, le vieillard trouva un billet de mille francs sur la table de nuit, avec ce mot de la main du père Madeleine: *Je vous achète votre charrette et votre cheval.* La charrette était brisée et le cheval était mort. Fauchelevent guérit, mais son genou resta ankylosé. M. Madeleine, par les recommandations des sœurs et de son curé, fit placer le bonhomme comme jardinier dans un couvent de femmes du quartier Saint-Antoine à Paris.

Quelque temps après, M. Madeleine fut nommé maire, La première fois que Javert vit M. Madeleine revêtu de l'écharpe qui lui donnait toute autorité sur la ville, il éprouva cette sorte de frémissement qu'éprouverait un dogue qui flairerait un loup sous les habits de son maître. À partir de ce moment, il l'évita le plus qu'il put. Quand les besoins du service l'exigeaient impérieusement et qu'il ne pouvait faire autrement que de se trouver avec M. le maire, il lui parlait avec un respect profond.

Cette prospérité créée à Montreuil-sur-Mer par le père Madeleine avait, outre les signes visibles que nous avons indiqués, un autre symptôme qui, pour n'être pas visible, n'était pas moins significatif. Ceci ne trompe jamais. Quand la population souffre, quand le travail manque, quand le commerce est nul, le contribuable résiste à l'impôt par pénurie, épuise et dépasse les délais, et l'état dépense beaucoup d'argent en frais de contrainte et de rentrée. Quand le travail abonde, quand le pays est heureux et riche, l'impôt se paye aisément et coûte peu à l'état. On peut dire que la misère et la richesse publiques ont un thermomètre infaillible, les frais de perception de l'impôt. En sept ans, les frais de perception de l'impôt s'étaient réduits des trois quarts dans l'arrondissement de Montreuil-sur-Mer, ce qui faisait fréquemment citer cet arrondissement entre tous par M. de Villèle, alors ministre des finances.

Telle était la situation du pays, lorsque Fantine y revint. Personne ne se souvenait plus d'elle. Heureusement la porte de la fabrique de M. Madeleine était comme un visage ami. Elle s'y présenta, et fut admise dans l'atelier des femmes. Le métier était tout nouveau pour Fantine, elle n'y pouvait être bien adroite, elle ne tirait donc de sa journée de travail que peu de chose, mais enfin cela suffisait, le problème était résolu, elle gagnait sa vie.

Chapitre VIII: Madame Victurnien dépense trente-cinq francs pour la morale

Quand Fantine vit qu'elle vivait, elle eut un moment de joie. Vivre honnêtement de son travail, quelle grâce du ciel! Le goût du travail lui revint vraiment. Elle acheta un miroir, se réjouit d'y regarder sa jeunesse, ses beaux cheveux et ses belles dents, oublia beaucoup de choses, ne songea plus qu'à sa Cosette et à l'avenir possible, et fut presque heureuse. Elle loua une petite chambre et la meubla à crédit sur son travail futur; reste de ses habitudes de désordre.

Ne pouvant pas dire qu'elle était mariée, elle s'était bien gardée, comme nous l'avons déjà fait entrevoir, de parler de sa petite fille.

En ces commencements, on l'a vu, elle payait exactement les Thénardier. Comme elle ne savait que signer, elle était obligée de leur écrire par un écrivain public.

Elle écrivait souvent. Cela fut remarqué. On commença à dire tout bas dans l'atelier des femmes que Fantine «écrivait des lettres» et qu' «elle avait des allures».

Il n'y à rien de tel pour épier les actions des gens que ceux qu'elles ne regardent pas. — Pourquoi ce monsieur ne vient-il jamais qu'à la brune? pourquoi monsieur un tel n'accroche-t-il jamais sa clef au clou le jeudi? pourquoi prend-il toujours les petites rues? pourquoi madame descend-elle toujours de son fiacre avant d'arriver à la maison? pourquoi envoie-t-elle acheter un cahier de papier à lettres, quand elle en a «plein sa papeterie»? etc., etc. — Il existe des êtres qui, pour connaître le mot de ces énigmes, lesquelles leur sont du reste parfaitement indifférentes, dépensent plus d'argent, prodiguent plus de temps, se donnent plus de peine qu'il n'en faudrait pour dix bonnes actions; et cela gratuitement, pour le plaisir, sans être payés de la curiosité autrement que par la curiosité. Ils suivront celui-ci ou celle-là des jours entiers, feront faction des heures à des coins de rue, sous des portes d'allées, la nuit, par le froid et par la pluie, corrompront des commissionnaires, griseront des cochers de fiacre et des laquais, achèteront une femme de chambre, feront acquisition d'un portier. Pourquoi? pour rien. Pur acharnement de voir, de savoir et de pénétrer. Pure démangeaison de dire. Et souvent ces secrets connus, ces mystères publiés, ces énigmes éclairées du grand jour, entraînent des catastrophes, des duels, des faillites, des familles ruinées, des existences brisées, à la grande joie de ceux qui ont «tout découvert» sans intérêt et par pur instinct. Chose triste.

Certaines personnes sont méchantes uniquement par besoin de parler. Leur conversation, causerie dans le salon, bavardage dans l'antichambre, est comme ces cheminées qui usent vite le bois; il leur faut beaucoup de combustible; et le combustible, c'est le prochain.

On observa donc Fantine,

Avec cela, plus d'une était jalouse de ses cheveux blonds et de ses dents blanches.

On constata que dans l'atelier, au milieu des autres, elle se détournait souvent pour essuyer une larme. C'étaient les moments où elle songeait à son enfant, peut-être aussi à l'homme qu'elle avait aimé.

C'est un douloureux labeur que la rupture des sombres attaches du passé.

On constata qu'elle écrivait, au moins deux fois par mois, toujours à la même adresse, et qu'elle affranchissait la lettre. On parvint à se procurer l'adresse: *Monsieur, Monsieur Thénardier, aubergiste, à Montfermeil.* On fit jaser au cabaret l'écrivain public, vieux bonhomme qui ne pouvait pas emplir son estomac de vin rouge sans vider sa poche aux secrets. Bref, on sut que Fantine avait un enfant. «Ce devait être une espèce de fille.» Il se trouva une commère qui fit le voyage de Montfermeil, parla aux Thénardier, et dit à son retour: Pour mes trente-cinq francs, j'en ai eu le cœur net. J'ai vu l'enfant!

La commère qui fit cela était une gorgone appelée madame Victurnien, gardienne et portière de la vertu de tout le monde. Madame Victurnien avait cinquante-six ans, et doublait le masque de la laideur du masque de la vieillesse. Voix chevrotante, esprit capricant. Cette vieille femme avait été jeune, chose étonnante. Dans sa jeunesse, en plein 93, elle avait épousé un moine échappé du cloître en bonnet rouge et passé des bernardins aux jacobins. Elle était sèche, rêche, revêche, pointue, épineuse, presque venimeuse; tout en se souvenant de son moine dont elle était veuve, et qui l'avait fort domptée et pliée. C'était une ortie où l'on voyait le froissement du froc. À la restauration, elle s'était faite bigote, et si énergiquement que les prêtres lui avaient pardonné son moine. Elle avait un petit bien qu'elle léguait bruyamment à une communauté religieuse. Elle était fort bien vue à l'évêché d'Arras. Cette madame Victurnien donc alla à Montfermeil et revint en disant: J'ai vu l'enfant.

Tout cela prit du temps. Fantine était depuis plus d'un an à la fabrique, lorsqu'un matin la surveillante de l'atelier lui remit, de la part de M. le maire, cinquante francs, en lui disant qu'elle ne faisait plus partie de l'atelier et en l'engageant, de la part de M. le maire, à quitter le pays.

C'était précisément dans ce même mois que les Thénardier, après avoir demandé douze francs au lieu de six, venaient d'exiger quinze francs au lieu de douze.

Fantine fut atterrée. Elle ne pouvait s'en aller du pays, elle devait son loyer et ses meubles. Cinquante francs ne suffisaient pas pour acquitter cette dette. Elle balbutia quelques mots suppliants. La surveillante lui signifia qu'elle eût à sortir sur-le-champ de l'atelier. Fantine n'était du reste qu'une ouvrière médiocre. Accablée de honte plus encore que de désespoir, elle quitta l'atelier et rentra dans sa chambre. Sa faute était donc maintenant connue de tous!

Elle ne se sentit plus la force de dire un mot. On lui conseilla de voir M. le maire; elle n'osa pas. M. le maire lui donnait cinquante francs, parce qu'il était bon, et la chassait, parce qu'il était juste. Elle plia sous cet arrêt.

Chapitre IX: Succès de Madame Victurnien

La veuve du moine fut donc bonne à quelque chose.

Du reste; M. Madeleine n'avait rien su de tout cela. Ce sont là de ces combinaisons d'événements dont la vie est pleine. M. Madeleine avait pour habitude de n'entrer presque jamais dans l'atelier des femmes. Il avait mis à la tête de cet atelier une vieille fille que le curé lui avait donnée, et il avait toute confiance dans cette surveillante, personne vraiment respectable, ferme, équitable, intègre, remplie de la charité qui consiste à donner, mais n'ayant pas au même degré la charité qui consiste à comprendre et à pardonner. M. Madeleine se remettait de tout sur elle. Les meilleurs hommes sont souvent forcés de déléguer leur autorité. C'est dans cette pleine puissance et avec la conviction qu'elle faisait bien, que la surveillante avait instruit le procès, jugé, condamné et exécuté Fantine.

Quant aux cinquante francs, elle les avait donnés sur une somme que M. Madeleine lui confiait pour aumônes et secours aux ouvrières et dont elle ne rendait pas compte.

Fantine s'offrit comme servante dans le pays; elle alla d'une maison à l'autre. Personne ne voulut d'elle. Elle n'avait pu quitter la ville. Le marchand fripier auquel elle devait ses meubles, quels meubles! lui avait dit: Si vous vous en allez, je vous fais arrêter comme voleuse. Le propriétaire auquel elle devait son loyer, lui avait dit: Vous êtes jeune et jolie, vous pouvez payer. Elle partagea les cinquante francs entre le propriétaire et le fripier, rendit au marchand les trois quarts de son mobilier, ne garda que le nécessaire, et se trouva sans travail, sans état, n'ayant plus que son lit, et devant encore environ cent francs.

Elle se mit à coudre de grosses chemises pour les soldats de la garnison, et gagnait douze sous par jour. Sa fille lui en coûtait dix. C'est en ce moment qu'elle commença à mal payer les Thénardier.

Cependant une vieille femme qui lui allumait sa chandelle quand elle rentrait le soir, lui enseigna l'art de vivre dans la misère. Derrière vivre de peu, il y a vivre de rien. Ce sont deux chambres; la première est obscure, la seconde est noire.

Fantine apprit comment on se passe tout à fait de feu en hiver, comment on renonce à un oiseau qui vous mange un liard de millet tous les deux jours, comment on fait de son jupon sa couverture et de sa couverture son jupon, comment on ménage sa chandelle en prenant son repas à la lumière de la fenêtre d'en face. On ne sait pas tout ce que certains êtres faibles, qui ont vieilli dans le dénûment et l'honnêteté, savent tirer d'un sou. Cela finit par être un talent. Fantine acquit ce sublime talent et reprit un peu de courage.

À celle époque, elle disait à une voisine: — Bah! je me dis: en ne dormant que cinq heures et en travaillant tout le reste à mes coutures, je parviendrai bien toujours à gagner à peu près du pain. Et puis, quand on est triste, on mange moins. Eh bien! des souffrances, des inquiétudes, un, peu de pain d'un côté, des chagrins de l'autre, tout cela me nourrira.

Dans cette détresse, avoir sa petite fille eût été un étrange bonheur. Elle songea à la faire venir. Mais quoi! lui faire partager son dénûment! Et puis, elle devait aux Thénardier! comment s'acquitter? Et le voyage! comment le payer?

La vieille qui lui avait donné ce qu'on pourrait appeler des leçons de vie indigente, était une sainte fille nommée Marguerite, dévote de la bonne dévotion, pauvre, et charitable pour les pauvres et même pour les riches, sachant tout juste assez écrire pour signer *Margeritte*, et croyant en Dieu, ce qui est la science.

Il y a beaucoup de ces vertus-là en bas; un jour elles seront en haut. Cette vie a un lendemain.

Dans les premiers temps, Fantine avait été si honteuse qu'elle n'avait pas osé sortir.

Quand elle était dans la rue, elle devinait qu'on se retournait derrière elle et qu'on la montrait du doigt; tout le monde la regardait et personne ne la saluait; le mépris âcre et froid des passants lui pénétrait dans la chair et dans l'âme comme une bise.

Dans les petites villes, il semble qu'une malheureuse soit nue sous le sarcasme et la curiosité de tous. À Paris, du moins, personne ne vous connaît, et cette obscurité est un vêtement. Oh! comme elle eût souhaité venir à Paris! Impossible.

Il fallut bien s'accoutumer à la déconsidération, comme elle s'était accoutumée à l'indigence. Peu à peu elle en prit son parti. Après deux ou trois mois elle secoua la honte et se mit à sortir comme si de rien n'était. — Cela m'est bien égal, dit-elle. Elle alla et vint, la tête haute, avec un sourire amer, et sentit qu'elle devenait effrontée.

Madame Victurnien quelquefois la voyait passer de sa fenêtre, remarquait la détresse de «cette créature», grâce à elle «remise à sa place», et se félicitait. Les méchants ont un bonheur noir.

L'excès du travail fatiguait Fantine, et là petite toux sèche qu'elle avait augmenta. Elle disait quelquefois à sa voisine: — Tâtez donc comme mes mains sont chaudes.

Cependant le matin, quand elle peignait avec un vieux peigne cassé ses beaux cheveux qui ruisselaient comme de la soie floche, elle avait une minute de coquetterie heureuse.

Chapitre X: Suite du succès

Elle avait été congédiée vers la fin de l'hiver; l'été se passa, mais l'hiver revint. Jours courts, moins de travail. L'hiver, point de chaleur, point de lumière, point de midi, le soir touche au matin, brouillard, crépuscule, la fenêtre est grise, on n'y voit pas clair. Le ciel est un soupirail. Toute la journée est une cave. Le soleil a l'air d'un pauvre. L'affreuse saison! L'hiver change en pierre l'eau du ciel et le cœur de l'homme. Ses créanciers la harcelaient.

Fantine gagnait trop peu. Ses dettes avaient grossi. Les Thénardier, mal payés, lui écrivaient à chaque instant des lettres dont le contenu la désolait et dont le port la ruinait. Un jour ils lui écrivirent que sa petite Cosette était toute nue par le froid qu'il faisait, qu'elle avait besoin d'une jupe de laine, et qu'il fallait au moins que la mère envoyât dix francs pour cela. Elle reçut la lettre et la froissa dans ses mains tout le jour. Le soir elle entra chez un barbier qui habitait le coin de la rue, et défit son peigne. Ses admirables cheveux blonds lui tombèrent jusqu'aux reins.

— Les beaux cheveux! s'écria le barbier.

— Combien m'en donneriez-vous? dit-elle.

— Dix francs.

— Coupez-les.

Elle acheta une jupe de tricot et l'envoya aux Thénardier.

Cette jupe fit les Thénardier furieux. C'était de l'argent qu'ils voulaient. Ils donnèrent la jupe à Éponine. La pauvre Alouette continua de frissonner.

Fantine pensa: — Mon enfant n'a plus froid. Je l'ai habillée de mes cheveux. — Elle mettait de petits bonnets ronds qui cachaient sa tête tondue et avec lesquels elle était encore jolie.

Un travail ténébreux se faisait dans le cœur de Fantine. Quand elle vit qu'elle ne pouvait plus se coiffer, elle commença à tout prendre en haine autour d'elle. Elle avait longtemps partagé la vénération de tous pour le père Madeleine; cependant, à force de se répéter que c'était lui qui l'avait chassée, et qu'il était la cause de son malheur, elle en vint à le haïr lui aussi, lui surtout. Quand elle passait devant la fabrique aux heures où les ouvriers sont sur la porte, elle affectait de rire et de chanter.

Une vieille ouvrière qui la vit une fois chanter et rire de celte façon dit: — Voilà une fille qui finira mal.

Elle prit un amant, le premier venu, un homme qn'elle n'aimait pas, par bravade, avec la rage dans le cœur. C'était un misérable, une espèce de musicien mendiant, un oisif gueux, qui la battait, et qui la quitta comme elle l'avait pris, avec dégoût.

Elle adorait son enfant.

Plus elle descendait, plus tout devenait sombre autour d'elle, plus ce petit ange rayonnait dans le fond de son âme. Elle disait: Quand je serai riche, j'aurai ma Cosette avec moi; et elle riait. La toux ne la quittait pas, et elle avait des sueurs dans le dos.

Un jour elle reçut des Thénardier une lettre ainsi conçue: «Cosette est malade d'une maladie qui est dans le pays. Une fièvre miliaire, qu'ils appellent. Il faut des drogues chères. Cela nous ruine et nous ne pouvons plus payer. Si vous ne nous envoyez pas quarante francs avant huit jours, la petite est morte.»

Elle se mit à rire aux éclats, et elle dit à sa vieille voisine: — Ah! ils sont bons! quarante francs! que ça! ça fait deux napoléons! Où veulent-ils que je les prenne? Sont-ils bêtes ces paysans!

Cependant elle alla dans l'escalier près d'une lucarne et relut cette lettre. Puis elle descendit l'escalier et sortit en courant et en sautant, riant toujours.

Quelqu'un qui la rencontra lui dit — Qu'est-ce que vous avez donc à être si gaie?

Elle répondit: — C'est une bonne bêtise que viennent de m'écrire des gens de la campagne. Ils me demandent quarante francs. Paysans, va!

Comme elle passait sur la place, elle vit beaucoup de monde qui entourait une voiture de forme bizarre, sur l'impériale de laquelle pérorait tout debout un homme vêtu de rouge. C'était un bateleur dentiste en tournée, qui offrait au public des râteliers complets, des opiats, des poudres et des élixirs.

Fantine se mêla au groupe et se mit à rire comme les autres de cette harangue où il y avait de l'argot pour la canaille et du jargon pour les gens comme il faut. L'arracheur de dents vit cette belle fille qui riait, et s'écria tout à coup: — Vous avez de jolies dents, la fille qui riez là. Si vous voulez me vendre vos deux palettes, je vous donne de chaque un napoléon d'or.

— Qu'est-ce que c'est que ça, mes palettes? demanda Fantine.

— Les palettes, reprit le professeur dentiste, c'est les dents de devant, les deux d'en haut.

— Quelle horreur! s'écria Fantine,

— Deux napoléons! grommela une vieille édentée qui était là. Qu'en voilà une qui est heureuse!

Fantine s'enfuit et se boucha les oreilles pour ne pas entendre la voix enrouée de l'homme qui lui criait: — Réfléchissez, la belle! deux napoléons, ça peut servir. Si le cœur vous en dit, venez ce soir à l'auberge du *Tillac d'argent*, vous m'y trouverez.

Fantine rentra, elle était furieuse et conta la chose à sa bonne voisine Marguerite: — Comprenez-vous? ne voilà-t-il pas un abominable homme? comment laisse-t-on des gens comme cela aller dans le pays! M'arracher mes deux dents de devant! mais je serais horrible! Les cheveux repoussent, mais les dents! Ah! le monstre d'homme! j'aimerais mieux me jeter d'un cinquième la tête la première sur le pavé! Il m'a dit qu'il serait ce soir au *Tillac d'argent*.

— Et qu'est-ce qu'il offrait? demanda Marguerite.

— Deux napoléons.

— Cela fait quarante francs.

— Oui, dit Fantine, cela fait quarante francs.

Elle resta pensive, et se mit à son ouvrage. Au bout d'un quart d'heure, elle quitta sa couture et alla relire la lettre des Thénardier sur l'escalier.

En rentrant, elle dit à Marguerite qui travaillait près d'elle:

— Qu'est-ce que c'est donc cela une fièvre miliaire? Savez-vous?

— Oui, répondit la vieille fille, c'est une maladie.

— Ça a donc besoin de beaucoup de drogues?

— Oh! des drogues terribles.

— Où ça vous prend-il?

— C'est une maladie qu'on a comme ça.

— Cela attaque donc les enfants?

— Surtout les enfants.

— Est-ce qu'on en meurt?

— Très bien, dit Marguerite.

Fantine sortit et alla encore une fois relire la lettre sur l'escalier.

Le soir elle descendit et on là vit qui se dirigeait du côté de la rue de Paris où sont les auberges.

Le lendemain matin, comme Marguerite entrait dans la chambre de Fantine avant le jour, car elles travaillaient toujours ensemble et de cette façon n'allumaient qu'une chandelle pour deux, elle trouva Fantine assise sur son fil, pâle, glacée. Elle ne s'était pas couchée. Son bonnet était tombé sur ses genoux. La chandelle avait brûlé toute la nuit et était presque entièrement consumée.

Marguerite s'arrêta sur le seuil, pétrifiée de cet énorme désordre, et s'écria:

— Seigneur! la chandelle qui est toute brûlée! il s'est passé des événements!

Puis elle regarda Fantine qui tournait vers elle sa tête sans cheveux.

Fantine depuis la veille avait vieilli de dix ans,

— Jésus! fit Marguerite, qu'est-ce que vous avez, Fantine?

— Je n'ai rien, répondit Fantine. Au contraire. Mon enfant ne mourra pas de cette affreuse maladie, faute de secours. Je suis contente.

En parlant ainsi, elle montrait à la vieille fille deux napoléons qui brillaient sur la table.

— Ah, Jésus Dieu! dit Marguerite. Mais c'est une fortune! Où avez-vous eu ces louis d'or?

— Je les ai eus, répondit Fantine.

En même temps elle sourit. La chandelle éclairait son visage. C'était un sourire sanglant. Une salive rougeâtre lui souillait le coin des lèvres, et elle avait un trou noir dans la bouche.

Les deux dents étaient arrachées.

Elle envoya les quarante francs à Montfermeil.

Du reste c'était une ruse des Thénardier pour avoir de l'argent. Cosette n'était pas malade.

Fantine jeta son miroir par la fenêtre. Depuis longtemps elle avait quitté sa cellule du second pour une mansarde fermée d'un loquet sous le toit; un de ces galetas dont le plafond fait angle avec le plancher et vous heurte à chaque instant la tête. Le pauvre ne peut aller au fond de sa chambre comme au fond de sa destinée qu'en se courbant de plus en plus. Elle n'avait plus de lit, il lui restait une loque qu'elle appelait sa couverture, un matelas à terre et une chaise dépaillée. Un petit rosier qu'elle avait s'était desséché dans un coin, oublié. Dans l'autre coin, il y avait un pot à beurre à mettre l'eau, qui gelait l'hiver, et où les différents niveaux de l'eau restaient longtemps marqués par des cercles de glace. Elle avait perdu la honte, elle perdit la coquetterie. Dernier signe. Elle sortait avec des bonnets sales. Soit faute de temps, soit indifférence, elle ne raccommodait plus son linge. À mesure que les talons s'usaient, elle tirait ses bas dans ses souliers. Cela se voyait à de certains plis perpendiculaires. Elle rapiéçait son corset, vieux et usé, avec des morceaux de calicot qui se déchiraient au moindre mouvement. Les gens auxquels elle devait lui fai saient «des scènes», et ne lui laissaient aucun repos. Elle les trouvait dans la rue, elle les retrouvait dans son escalier. Elle passait des nuits à pleurer et à songer. Elle avait les yeux très brillants, et elle sentait une douleur fixe dans l'épaule, vers le haut de l'omoplate gauche. Elle toussait beaucoup. Elle haïssait profondément le père Madeleine, et ne se plaignait pas. Elle cousait dix-sept heures par jour; mais un entrepreneur du travail des prisons qui faisait travailler les prisonnières au rabais, fit tout à coup baisser les prix, ce qui réduisit la journée des ouvrières libres à neuf sous. Dix-sept heures de travail, et neuf sous par jour! Ses créanciers étaient plus impitoyables que jamais. Le fripier, qui avait repris presque tous les meubles, lui disait sans cesse: Quand me payeras-tu, coquine? Que voulait-on d'elle, bon Dieu! Elle se sentait traquée et il se développait en elle quelque chose de la bête farouche. Vers le même temps, le Thénardier lui écrivit que décidément il avait attendu avec beaucoup trop de bonté, et qu'il lui fallait cent francs, tout de suite; sinon qu'il mettrait à la porte la petite Cosette, toute convalescente de sa grande maladie, par le froid, par les chemins, et qu'elle deviendrait ce qu'elle pourrait, et qu'elle crèverait, si elle voulait. — Cent francs, songea Fantine. Mais où y a-t-il un état à gagner cent sous par jour?

— Allons! dit-elle, vendons le reste.

L'infortunée se fit fille publique.

Chapitre XI: Christus nos liberavit

Qu'est-ce que c'est que cette histoire de Fantine? C'est la société achetant une esclave.

À qui? À la misère.

À la faim, au froid, à l'isolement, à l'abandon, au dénûment. Marché douloureux. Une âme pour un morceau de pain. La misère offre, la société accepte.

La sainte loi de Jésus-Christ gouverne notre civilisation, mais elle ne la pénètre pas encore. On dit que l'esclavage a disparu de la civilisation européenne. C'est une erreur. Il existe toujours, mais il ne pèse plus que sur la femme, et il s'appelle prostitution.

Il pèse sur la femme, c'est-à-dire sur la grâce, sur la faiblesse, sur la beauté, sur la maternité. Ceci n'est pas une des moindres hontes de l'homme.

Au point de ce douloureux drame où nous sommes arrivés, il ne reste plus rien à Fantine de ce qu'elle a été autrefois. Elle est devenue marbre en devenant boue. Qui la touche a froid. Elle passe, elle vous subit, et elle vous ignore; elle est la figure déshonorée et sévère. La vie et l'ordre social lui ont dit leur dernier mot. Il lui est arrivé tout ce qui lui arrivera. Elle a tout ressenti, tout supporté, tout éprouvé, tout souffert, tout perdu, tout pleuré. Elle est résignée de cette résignation qui ressemble à l'indifférence comme la mort ressemble au sommeil. Elle n'évite plus rien. Elle ne craint plus rien. Tombe sur elle toute la nuée et passe sur elle tout l'océan! que lui importe! c'est une éponge imbibée.

Elle le croit du moins, mais c'est une erreur de s'imaginer qu'on épuise le sort et qu'on touche le fond de quoi que ce soit.

Hélas! qu'est-ce que toutes ces destinées ainsi poussées pêle-mêle? où vont-elles? pourquoi sont-elles ainsi?

Celui qui sait cela voit toute l'ombre.

Il est seul. Il s'appelle Dieu.

Chapitre XII: Le désœuvrement de M. Bamatabois

Il y a dans toutes les petites villes, et il y avait à Montreuil-sur-Mer en particulier, une classe de jeunes gens qui grignotent quinze cents livres de rente en province du même air dont leurs pareils dévorent à Paris deux cent mille francs par an. Ce sont des êtres de la grande espèce neutre; hongres, parasites, nuls, qui ont un peu de terre, un peu de sottise et un peu d'esprit, qui seraient des rustres dans un salon et se croient des gentilshommes au cabaret, qui disent: mes prés, mes bois, mes paysans, sifflent les actrices du théâtre pour prouver que ce sont des gens de goût, querellent les officiers de la garnison pour montrer qu'ils sont gens de guerre, chassent, fument, bâillent, boivent, sentent le tabac, jouent au billard, regardent les voyageurs descendre de diligence, vivent au café, dînent à l'auberge, ont un chien qui mange les os sous la table et une maîtresse qui pose les plats dessus, tiennent à un sou, exagèrent les modes, admirent la tragédie, méprisent les femmes, usent leurs vieilles bottes, copient Londres à travers Paris et Paris à travers Pont-à-Mousson, vieillissent hébétés, ne travaillent pas, ne servent à rien, et ne nuisent pas à grand'chose.

M. Félix Tholomyès, resté dans sa province et n'ayant jamais vu Paris, serait un de ces hommes-là.

S'ils étaient plus riches, on dirait: ce sont des élégants; s'ils étaient plus pauvres, on dirait: ce sont des fainéants. Ce sont tout simplement des désœuvrés. Parmi ces désœuvrés, il y a des ennuyeux, des ennuyés, des rêvasseurs et quelques drôles.

Dans ce temps-là, un élégant se composait d'un grand col, d'une grande cravate, d'une montre à breloques, de trois gilets superposés de couleur différentes, le bleu et le rouge en dedans, d'un habit couleur olive à taille courte, à queue de morue, à double rangée de boutons d'argent serrés les uns contre les autres et montant jusque sur l'épaule, et d'un pantalon olive plus clair, orné sur les deux coulures d'un nombre de côtes indéterminé, mais toujours impair, variant de une à onze, limite qui n'était jamais franchie. Ajoutez à cela des souliers-bottes avec de petits fers au talon, un chapeau à haute forme et à bords étroits, des cheveux en touffe, une énorme canne, et une conversation rehaussée des calembours de Potier. Sur le tout des éperons et des moustaches. À cette époque, des moustaches voulaient dire bourgeois et des éperons voulaient dire piéton.

L'élégant de province portait les éperons plus longs et les moustaches plus farouches.

C'était le temps de la lutte des républiques de l'Amérique méridionale contre le roi d'Espagne, de Bolivar contre Morillo. Les chapeaux à petits bords étaient royalistes et se nommaient des morillos; les libéraux portaient des chapeaux à larges bords qui s'appelaient des bolivars.

Huit ou dix mois donc après ce qui a été raconté dans les pages précédentes, vers les premiers jours de janvier 1823, un soir qu'il avait neigé, un de ces élégants, un de ces désœuvrés, un «bien pensant», car il avait un morillo, de plus chaudement enveloppé d'un de ces grands manteaux qui complétaient dans les temps froids le costume à la mode, se divertissait à harceler une créature qui rôdait en robe de bal et toute décolletée avec des fleurs sur la tête devant la vitre du café des officiers. Cet élégant fumait, car c'était décidément la mode.

Chaque fois que cette femme passait devant lui, il lui jetait, avec une bouffée de la fumée de son cigare, quelque apostrophe qu'il croyait spirituelle et gaie, comme: — Que tu es laide! — Veux-tu te cacher! — Tu n'as pas de dents! etc., etc. — Ce monsieur s'appelait monsieur Bamatabois. La femme, triste spectre paré qui allait et venait sur la neige, ne lui répondait pas, ne le regardait même pas, et n'en accomplissait pas moins en silence et avec une régularité sombre sa promenade qui la ramenait de cinq minutes en cinq minutes sous le sarcasme, comme le soldat condamné qui revient sous les verges. Ce peu d'effet piqua sans doute l'oisif qui, profitant d'un moment où elle se retournait, s'avança derrière elle à pas de loup et en étouffant son rire, se baissa, prit sur le pavé une poignée de neige et la lui plongea brusquement dans le dos entre ses deux épaules nues. La fille poussa un rugissement, se tourna, bondit comme une panthère, et se rua sur l'homme, lui enfonçant ses ongles dans le visage, avec les plus effroyables paroles qui puissent tomber du corps de garde dans le ruisseau. Ces injures, vomies d'une voix enrouée par l'eau-de-vie, sortaient hideusement d'une bouche à laquelle manquaient en effet les deux dents de devant. C'était la Fantine.

Au bruit que cela fit, les officiers sortirent en foule du café, les passants s'amassèrent, et il se forma un grand cercle riant, huant et applaudissant, autour de ce tourbillon composé de deux êtres où l'on avait peine à reconnaître un homme et une femme, l'homme se débattant, son chapeau à terre, la femme frappant des pieds et des poings, décoiffée, hurlant, sans dents et sans cheveux, livide de colère, horrible.

Tout à coup un homme de haute taille sortit vivement de la foule, saisit la femme à son corsage de satin couvert de boue, et lui dit: — Suis moi!

La femme leva la tête; sa voix furieuse s'éteignit subitement, Ses yeux étaient vitreux, de livide elle était devenue pâle, et elle tremblait d'un tremblement de terreur. Elle avait reconnu Javert.

L'élégant avait profité de l'incident pour s'esquiver.

Chapitre XIII: Solution de quelques questions de police municipale

Javert écarta les assistants, rompit le cercle et se mit à marcher à grands pas vers le bureau de police qui est à l'extrémité de la place, traînant après lui la misérable. Elle se laissait faire machinalement. Ni lui, ni elle ne disaient un mot. La nuée des spectateurs, au paroxysme de la joie, suivait avec des quolibets. La suprême misère, occasion d'obscénités.

Arrivé au bureau de police qui était une salle basse chauffée par un poêle et gardée par un poste, avec une porte vitrée et grillée sur la rue, Javert ouvrit la porte, entra avec la Fantine, et referma la porte derrière lui, au grand désappointement des curieux qui se haussèrent sur la pointe du pied et allongèrent le cou devant la vitre trouble du corps de garde, cherchant à voir. La curiosité est une gourmandise. Voir, c'est dévorer.

En entrant, la Fantine alla tomber dans un coin, immobile et muette, accroupie comme une chienne qui a peur.

Le sergent du poste apporta une chandelle allumée sur une table. Javert s'assit, tira de sa poche une feuille de papier timbré et se mit à écrire.

Ces classes de femmes sont entièrement remises par nos lois à la discrétion de la police. Elle en fait ce qu'elle veut, les punit comme bon lui semble, et confisque à son gré ces deux tristes choses qu'elles appellent leur industrie et leur liberté. Javert était impassible; son visage sérieux ne trahissait aucune émotion. Pourtant il était gravement et profondément préoccupé. C'était un de ces moments où il exerçait sans contrôle, mais avec tous les scrupules d'une conscience sévère, son redoutable pouvoir discrétionnaire. En cet instant, il le sentait, son escabeau d'agent de police était un tribunal. Il jugeait. Il jugeait et il condamnait. Il appelait tout ce qu'il pouvait avoir d'idées dans l'esprit autour de la grande chose qu'il faisait. Plus il examinait le fait de celte fille, plus il se sentait révolté. Il était évident qu'il venait de voir commettre un crime. Il venait de voir, là dans la rue, la société, représentée par un propriétaire- électeur, insultée et attaquée par une créature en dehors de tout. Une prostituée avait attenté à un bourgeois. Il avait vu cela, lui Javert. Il écrivait en silence.

Quand il eut fini, il signa, plia le papier et dit au sergent du poste, en le lui remettant: — Prenez trois hommes, et menez celle fille au bloc. — Puis se tournant vers la Fantine: — Tu en as pour six mois.

La malheureuse tressaillit.

— Six mois! six mois de prison! cria-t-elle. Six mois à gagner sept sous par jour! Mais que deviendra Cosette? ma ma fille! ma fille! Mais je dois encore plus de cent francs aux Thénardier, monsieur l'inspecteur, savez-vous cela?

Elle se traîna sur la dalle mouillée par les bottes boueuses de tous ces hommes, sans se lever, joignant les mains, faisant de grands pas avec ses genoux.

— Monsieur Javert, dit-elle, je vous demande grâce. Je vous assure que je n'ai pas eu tort. Si vous aviez vu le commencement, vous auriez vu! je vous jure le bon Dieu que je n'ai pas eu tort. C'est ce monsieur le bourgeois que je ne connais pas qui m'a mis de la neige dans le dos. Est-ce qu'on a le droit de nous mettre de la neige dans le dos quand nous passons comme cela tranquillement sans faire de mal à personne? Cela m'a saisie. Je suis un peu malade, voyez-vous! Et puis il y avait déjà un peu de temps qu'il me disait des raisons. Tu es laide! tu n'as pas de dents! Je ne faisais rien, moi; je disais: c'est un monsieur qui s'amuse. J'étais honnête avec lui, je ne lui parlais pas. C'est à cet instant-là qu'il m'a mis de la neige. Monsieur Javert, mon bon monsieur l'inspecteur! est-ce qu'il n'y a personne là qui ait vu, pour vous dire que c'est bien vrai! J'ai peut-être eu tort de me fâcher. Vous savez, dans le premier moment, on n'est pas maître. On a des vivacités. Et puis, quelque chose de si froid qu'on vous met dans le dos à l'heure que vous ne vous y attendez pas. J'ai eu tort d'abîmer le chapeau de ce monsieur. Pourquoi s'est-il en allé? je lui demanderais pardon. Oh! mon Dieu, cela me serait bien égal de lui demander pardon. Faites-moi grâce pour aujourd'hui cette fois, monsieur Javert. Tenez, vous ne savez pas ça, dans les prisons on ne gagne que sept sous, ce n'est pas la faute du gouvernement, mais on gagne sept sous, et figurez-vous que j'ai cent francs à payer, ou autrement on me renverra ma petite. Ô mon Dieu! je ne peux pas l'avoir avec moi. C'est si vilain ce que je fais! Ô ma Cosette, ô mon petit ange de la bonne sainte vierge, qu'est-ce qu'elle deviendra, pauvre loup! Je vais vous dire, c'est les Thénardier, des aubergistes, des paysans, ça n'a pas de raisonnement. Il leur faut de l'argent. Ne me mettez pas en prison! Voyez-vous, c'est une petite qu'on mettrait à même sur la grande route, va comme tu pourras, en plein cœur d'hiver, il faut avoir pitié de celte chose-là, mon bon monsieur Javert. Si c'était plus grand, ça gagnerait sa vie, mais ça ne peut pas, à ces âges-là. Je ne suis pas une mauvaise femme au fond. Ce n'est pas la lâcheté et la gourmandise qui ont fait de moi ça. J'ai bu de l'eau-de-vie, c'est par misère. Je ne l'aime pas, mais cela étourdit. Quand j'étais plus heureuse, on n'aurait eu qu'à regarder dans mes armoires, on aurait bien vu que je n'étais pas une femme coquette qui a du désordre. J'avais du linge, beaucoup de linge. Ayez pitié de moi, monsieur Javert!

Elle parlait ainsi, brisée en deux, secouée par les sanglots, aveuglée par les larmes, la gorge nue, se tordant les mains, toussant d'une voix sèche et courte, balbutiant tout doucement avec la voix de l'agonie. La grande douleur est un rayon divin et terrible qui transfigure les misérables. À ce moment-là, la Fantine était redevenue belle. À de certains instants, elle s'arrêtait et baisait tendrement le bas de la redingote du mouchard. Elle eût attendri un cœur de granit; mais on n'attendrit pas un cœur de bois.

— Allons! dit Javert, je t'ai écoutée. As-tu bien tout dit? Marche à présent! Tu as les six mois; le Père éternel en personne n'y pourrait plus rien.

À cette solennelle parole, *le Père éternel en personne n'y pourrait plus rien*, elle comprit que l'arrêt était prononcé. Elle s'affaissa sur elle-même en murmurant:

— Grâce!

Javert tourna le dos.

Les soldats la saisirent par le bras.

Depuis quelques minutes, un homme était entré sans qu'on eût pris garde à lui. Il avait refermé la porte, s'y était adossé, et avait entendu les prières désespérées de la Fantine.

Au moment où les soldats mirent la main sur la malheureuse, qui ne voulait pas se lever, il fit un pas, sortit de l'ombre, et dit:

— Un instant, s'il vous plaît!

Javert leva les yeux et reconnut M. Madeleine. Il ôta son chapeau, et saluant avec une sorte de gaucherie fâchée:

— Pardon, monsieur le maire...

Ce mot, monsieur le maire, fit sur Fantine un effet étrange. Elle se dressa debout tout d'une pièce comme un spectre qui sort de terre, repoussa les soldats des deux bras, marcha droit à M. Madeleine avant qu'on eût pu la retenir, et le regardant fixement, l'air égaré, elle cria:

— Ah! c'est donc toi qui es monsieur le maire!

Puis elle éclata de rire et lui cracha au visage.

M. Madeleine s'essuya le visage, et dit:

— Inspecteur Javert, mettez cette femme en liberté.

Javert se sentit au moment de devenir fou. Il éprouvait en cet instant, coup sur coup, et presque mêlées ensemble, les plus violentes émotions qu'il eût ressenties de sa vie. Voir une fille publique cracher au visage d'un maire, cela était une chose si monstrueuse que, dans ses suppositions les plus effroyables, il eût regardé comme un sacrilège de le croire possible. D'un autre côté, dans le fond de sa pensée, il faisait confusément un rapprochement hideux entre ce qu'était cette femme et ce que pouvait être ce maire, et alors il entrevoyait avec horreur je ne sais quoi de tout simple dans ce prodigieux attentat. Mais quand il vit ce maire, ce magistrat, s'essuyer tranquillement le visage et dire: *Mettez cette femme en liberté*, il eut comme un éblouissement de stupeur; la pensée et la parole lui manquèrent également; la somme de l'étonnement possible était dépassée pour lui. Il resta muet.

Ce mot n'avait pas porté un coup moins étrange à la Fantine. Elle leva son bras nu et se cramponna à la clef du poêle comme une personne qui chancelle. Cependant elle regardait tout autour d'elle et elle se mit à parler à voix basse, comme si elle se parlait à elle-même.

— En liberté! qu'on me laisse aller! que je n'aille pas en prison six mois! Qui est-ce qui a dit cela? Il n'est pas possible qu'on ait dit cela. J'ai mal entendu. Ça ne peut pas être ce monstre de maire! Est-ce que c'est vous, mon bon monsieur Javert, qui avez dit qu'on me mette en liberté? Oh! voyez-vous! je vais vous dire et vous me laisserez aller. Ce monstre de maire, ce vieux gredin de maire, c'est lui qui est cause de tout. Figurez-vous, monsieur Javert, qu'il m'a chassée! à cause d'un tas de gueuses qui tiennent des propos dans l'atelier. Si ce n'est pas là une horreur! renvoyer une pauvre fille qui fait honnêtement son ouvrage! Alors je n'ai plus gagné assez, et tout le malheur est venu. D'abord il y a une amélioration que ces messieurs de la police devraient bien faire, ce serait d'empêcher les entrepreneurs des prisons de faire du tort aux pauvres gens. Je vais vous expliquer cela, voyez-vous. Vous gagnez douze sous dans les chemises, cela tombe à neuf sous, il n'y a plus moyen de vivre. Il faut donc devenir ce qu'on peut. Moi, j'avais ma petite Cosette, j'ai bien été forcée de devenir une mauvaise femme. Vous comprenez à présent que c'est ce gueux de maire qui a fait tout le mal. Après cela j'ai piétiné le chapeau de ce monsieur bourgeois devant le café des officiers. Mais lui, il m'avait perdu toute ma robe avec de la neige. Nous autres, nous n'avons qu'une robe de soie, pour le soir. Voyez-vous, je n'ai jamais fait de mal exprès, vrai, monsieur Javert, et je vois partout des femmes bien plus méchantes que moi qui sont bien plus heureuses. Ô monsieur Javert, c'est vous qui avez dit qu'on me mette dehors, n'est-ce pas? Prenez des informations, parlez à mon propriétaire, maintenant je paye mon terme, on vous dira bien que je suis honnête. Ah! mon Dieu, je vous demande pardon, j'ai touché, sans faire attention, à la clef du poêle, et cela fait fumer.

M. Madeleine l'écoutait avec une attention profonde. Pendant qu'elle parlait, il avait fouillé dans son gilet, en avait tiré sa bourse et l'avait ouverte, Elle était vide. Il l'avait remise dans sa poche. Il dit à la Fantine:

— Combien avez-vous dit que vous deviez?

La Fantine, qui ne regardait que Javert, se retourna de son côté:

— Est-ce que je te parle, à toi!

Puis s'adressant aux soldats:

— Dites donc, vous autres? avez-vous vu comme je te vous lui ai craché à la figure? Ah! vieux scélérat de maire, tu viens ici pour me faire peur, mais je n'ai pas peur de toi. J'ai peur de monsieur Javert. J'ai peur de mon bon monsieur Javert!

En parlant ainsi elle se retourna vers l'inspecteur:

— Avec ça, voyez-vous, monsieur l'inspecteur, il faut être juste. Je comprends que vous êtes juste, monsieur l'inspecteur. Au fait, c'est tout simple, un homme qui joue à mettre un peu de neige dans le dos d'une femme, ça les faisait rire, les officiers; il faut bien qu'on se divertisse à quelque chose, nous autres nous sommes là pour qu'on s'amuse, quoi! Et puis, vous, vous venez, vous êtes bien forcé de mettre l'ordre, vous emmenez la femme qui a tort, mais en y réfléchissant, comme vous êtes bon, vous dites qu'on me mette en liberté, c'est pour la petite, parce que six mois en prison, cela m'empêcherait de nourrir mon enfant. Seulement n'y reviens plus, coquine! Oh! je n'y reviendrai plus, monsieur Javert! on me fera tout ce qu'on voudra maintenant, je ne bougerai plus. Seulement, aujourd'hui, voyez-vous, j'ai crié parce que cela m'a fait mal, je ne m'attendais pas du tout à cette neige de ce monsieur; et puis, je vous ai dit, je ne me porte pas très bien, je tousse, j'ai là dans l'estomac comme une boule qui me brûle, que le médecin me dit: soignez-vous. Tenez, tâtez, donnez votre main, n'ayez pas peur, c'est ici.

Elle ne pleurait plus, sa voix était caressante, elle appuyait sur sa gorge blanche et délicate la grosse main rude de Javert et elle le regardait en souriant.

Tout à coup elle rajusta vivement le désordre de ses vêtements, fit retomber les plis de sa robe qui en se traînant s'était relevée presque à la hauteur du genou, et marcha vers la porte en disant à demi-voix aux soldats avec un signe de tête amical:

— Les enfants, monsieur l'inspecteur a dit qu'on me lâche, je m'en vas.

41

Elle mit la main sur le loquet. Un pas de plus, elle était dans la rue.

Javert jusqu'à cet instant était resté debout, immobile, l'œil fixé à terre, posé de travers au milieu de cette scène comme une statue dérangée qui attend qu'on la mette quelque part.

Le bruit que fit le loquet le réveilla. Il releva la tête avec une expression d'autorité souveraine, expression d'autant plus effrayante que le pouvoir se trouve placé plus bas, féroce chez la bête fauve, atroce chez l'homme de rien.

— Sergent! cria-t-il, vous ne voyez pas que cette drôlesse s'en va! Qui est-ce qui vous a dit de la laisser aller?

— Moi, dit Madeleine.

La Fantine à la voix de Javert avait tremblé et lâché le loquet comme un voleur pris lâche l'objet volé. À la voix de Madeleine, elle se retourna, et à partir de ce moment, sans qu'elle prononçât un mot, sans qu'elle osât même laisser sortir son souffle librement, son regard alla tour à tour de Madeleine à Javert et de Javert à Madeleine, selon que c'était l'un ou l'autre qui parlait.

Il était évident qu'il fallait que Javert eût été comme on dit «jeté hors des gonds» pour qu'il se fût permis d'apostropher le sergent comme il l'avait fait, après l'invitation du maire de mettre Fantine en liberté. En était-il venu à oublier la présence de monsieur le maire? Avait-il fini par se déclarer à lui-même qu'il était impossible qu'une «autorité» eût donné un pareil ordre, et que bien certainement monsieur le maire avait dû dire sans le vouloir une chose pour une autre? Ou bien, devant les énormités dont il était témoin depuis deux heures, se disait-il qu'il fallait revenir aux suprêmes résolutions, qu'il était nécessaire que le petit se fît grand, que le mouchard se transformât en magistrat, que l'homme de police devînt homme de justice, et qu'en cette extrémité prodigieuse l'ordre, la loi, la morale, le gouvernement, la société tout entière, se personnifiaient en lui Javert?

Quoi qu'il en soit, quand M. Madeleine eut dit ce *moi* qu'on vient d'entendre, on vit l'inspecteur de police Javert se tourner vers monsieur le maire, pâle, froid, les lèvres bleues, le regard désespéré, tout le corps agité d'un tremblement imperceptible, et, chose inouïe, lui dire, l'œil baissé, mais la voix ferme:

— Monsieur le maire, cela ne se peut pas.

— Comment? dit M. Madeleine.

— Cette malheureuse a insulté un bourgeois.

42

— Inspecteur Javert, repartit M. Madeleine avec un accent conciliant et calme, écoutez. Vous êtes un honnête homme, et je ne fais nulle difficulté de m'expliquer avec vous. Voici le vrai. Je passais sur la place comme vous emmeniez cette femme, il y avait encore des groupes, je me suis informé, j'ai tout su, c'est le bourgeois qui a eu tort et qui, en bonne police, eût dû être arrêté.

Javert reprit:

— Cette misérable vient d'insulter monsieur le maire.

— Ceci me regarde, dit M. Madeleine. Mon injure est à moi peut-être. J'en puis faire ce que je veux.

— Je demande pardon à monsieur le maire. Son injure n'est pas à lui, elle est à la justice.

— Inspecteur Javert, répliqua M. Madeleine, la première justice, c'est la conscience. J'ai entendu cette femme. Je sais ce que je fais.

— Et moi, monsieur le maire, je ne sais pas ce que je vois.

— Alors contentez-vous d'obéir.

— J'obéis à mon devoir. Mon devoir veut que cette femme fasse six mois de prison.

M. Madeleine répondit avec douceur:

— Écoutez bien ceci. Elle n'en fera pas un jour.

À cette parole décisive, Javert osa regarder le maire fixement, et lui dit, mais avec un son de voix toujours profondément respectueux:

— Je suis au désespoir de résister à monsieur le maire, c'est la première fois de ma vie, mais il daignera me permettre de lui faire observer que je suis dans la limite de mes attributions. Je reste, puisque monsieur le maire le veut, dans le fait du bourgeois. J'étais là. C'est cette fille qui s'est jetée sur monsieur Bamatabois, qui est électeur et propriétaire de cette belle maison à balcon qui fait le coin de l'esplanade, à trois étages et toute en pierre de taille. Enfin, il y a des choses dans ce monde! Quoi qu'il en soit, monsieur le maire, cela, c'est un fait de police de la rue qui me regarde, et je retiens la femme Fantine.

Alors M. Madeleine croisa les bras et dit avec une voix sévère que personne dans la ville n'avait encore entendue:

— Le fait dont vous parlez est un fait de police municipale. Aux termes des articles neuf, onze, quinze et soixante-six du code d'instruction criminelle, j'en suis juge. J'ordonne que cette femme soit mise en liberté.

Javert voulut tenter un dernier effort.

— Mais, monsieur le maire...

— Je vous rappelle, à vous, l'article quatrevingt-un de la loi du 13 décembre 1799 sur la détention arbitraire.

— Monsieur le maire, permettez...

— Plus un mot.

— Pourtant...

— Sortez, dit M. Madeleine.

Javert reçut le coup, debout, de face, et en pleine poitrine comme un soldat russe. Il salua jusqu'à terre monsieur le maire, et sortit.

Fantine se rangea de la porte et le regarda avec stupeur passer devant elle.

Cependant elle aussi était en proie à un bouleversement étrange. Elle venait de se voir en quelque sorte disputée par deux puissances opposées. Elle avait vu lutter devant ses yeux deux hommes tenant dans leurs mains sa liberté, sa vie, son âme, son enfant; l'un de ces hommes l'attirait du côté de l'ombre, l'autre la ramenait vers la lumière. Dans cette lutte, entrevue à travers les grossissements de l'épouvante, ces deux hommes lui étaient apparus comme deux géants; l'un parlait comme son démon, l'autre parlait comme son bon ange. L'ange avait vaincu le démon, et, chose qui la faisait frissonner de la tête aux pieds, cet ange, ce libérateur, c'était précisément l'homme qu'elle abhorrait, ce maire qu'elle avait si longtemps considéré comme l'auteur de tous ses maux, ce Madeleine! et, au moment même où elle venait de l'insulter dune façon hideuse, il la sauvait! S'était-elle donc trompée? Devait-elle donc changer toute son âme?... Elle ne savait, elle tremblait. Elle écoutait éperdue, elle regardait effarée, et à chaque parole que disait M. Madeleine, elle sentait fondre et s'écrouler en elle les affreuses ténèbres de la haine et naître dans son cœur je ne sais quoi de réchauffant et d'ineffable qui était de la joie, de la confiance et de l'amour.

Quand Javert fut sorti, M. Madeleine se tourna vers elle, et il lui dit avec une voix lente, ayant peine à parler comme un homme sérieux qui ne veut pas pleurer:

— Je vous ai entendue. Je ne savais rien de ce que vous avez dit. Je crois que c'est vrai, et je sens que c'est vrai. J'ignorais même que vous eussiez quitté mes ateliers. Pourquoi ne vous êtes-vous pas adressée à moi? Mais voici: je payerai vos dettes, je ferai revenir votre enfant, ou vous irez la rejoindre. Vous vivrez ici, à Paris, où vous voudrez. Je me charge de votre enfant et de vous. Vous ne travaillerez plus, si vous voulez. Je vous donnerai tout l'argent qu'il vous faudra. Vous redeviendrez honnête en redevenant heureuse. Et même, écoutez, je vous le déclare dès à présent, si tout est comme vous le dites, et je n'en doute pas, vous n'avez jamais cessé d'être vertueuse et sainte devant Dieu. Oh! pauvre femme!

C'en était plus que la pauvre Fantine n'en pouvait supporter. Avoir Cosette! sortir de cette vie infâme! vivre libre, riche, heureuse, honnête, avec Cosette! voir brusquement s'épanouir au milieu de sa misère toutes ces réalités du paradis! Elle regarda comme hébétée cet homme qui lui parlait, et ne put que jeter deux ou trois sanglots: oh! oh! oh! Ses jarrets plièrent, elle se mit à genoux devant M. Madeleine, et, avant qu'il eût pu l'en empêcher, il sentit qu'elle lui prenait la main et que ses lèvres s'y posaient.

Puis elle s'évanouit.

LIVRE SIXIÈME : Javert

Chapitre I: Commencement du repos

M. Madeleine fit transporter la Fantine à cette infirmerie qu'il avait dans sa propre maison. Il la confia aux sœurs qui la mirent au lit. Une fièvre ardente était survenue. Elle passa une partie de la nuit à délirer et à parler haut. Cependant elle finit par s'endormir.

Le lendemain vers midi Fantine se réveilla, elle entendit une respiration tout près de son lit, elle écarta son rideau et vit M. Madeleine debout qui regardait quelque chose au- Il soupira profondément. Elle cependant lui souriait avec ce sublime sourire auquel il manquait deux dents.

Javert dans cette même nuit avait écrit une lettre. Il remit lui-même cette lettre le lendemain matin au bureau de poste de Montreuil-sur-mer. Elle était pour Paris, et la suscription portait: *À monsieur Chabouillet, secrétaire de monsieur le préfet de police.* Comme l'affaire du corps de garde s'était ébruitée, la directrice du bureau de poste et quelques autres personnes qui virent la lettre avant le départ et qui reconnurent l'écriture de Javert sur l'adresse, pensèrent que c'était sa démission qu'il envoyait.

M. Madeleine se hâta d'écrire aux Thénardier. Fantine leur devait cent vingt francs. Il leur envoya trois cents francs en leur disant de se payer sur cette somme, et d'amener tout de suite l'enfant à Montreuil-sur-mer où sa mère malade la réclamait.

Ceci éblouit le Thénardier.

— Diable! dit-il à sa femme, ne lâchons pas l'enfant. Voilà que cette mauviette va devenir une vache à lait. Je devine. Quelque jocrisse se sera amouraché de la mère.

Il riposta par un mémoire de cinq cents et quelques francs fort bien fait. Dans ce mémoire figuraient pour plus de trois cents francs deux notes incontestables, l'une d'un médecin, l'autre d'un apothicaire, lesquels avaient soigné et médicamenté dans deux longues maladies Éponine et Azelma. Cosette, nous l'avons dit, n'avait pas été malade. Ce fut l'affaire d'une toute petite substitution de noms. Thénardier mit au bas du mémoire: *Reçu à compte trois cents francs.*

M. Madeleine envoya tout de suite trois cents autres francs et écrivit: Dépêchez-vous d'amener Cosette.

— Cristi! dit le Thénardier, ne lâchons pas l'enfant.

Cependant Fantine ne se rétablissait point. Elle était toujours à l'infirmerie.

Les sœurs n'avaient d'abord reçu et soigné «cette fille» qu'avec répugnance. Qui a vu les bas-reliefs de Reims se souvient du gonflement de la lèvre inférieure des vierges sages regardant les vierges folles. Cet antique mépris des vestales pour les ambubaïes est un des plus profonds instincts de la dignité féminine; les sœurs l'avaient éprouvé, avec le redoublement qu'ajoute la religion. Mais, en peu de jours, Fantine les avait désarmées. Elle avait toutes sortes de paroles humbles et douces, et la mère qui était en elle attendrissait. Un jour les sœurs l'entendirent qui disait à travers la fièvre: — J'ai été une pécheresse, mais quand j'aurai mon enfant près de moi, cela voudra dire que Dieu m'a pardonné. Pendant que j'étais dans le mal, je n'aurais pas voulu avoir ma Cosette avec moi, je n'aurais pas pu supporter ses yeux étonnés et tristes. C'était pour elle pourtant que je faisais le mal, et c'est ce qui fait que Dieu me pardonne. Je sentirai la bénédiction du bon Dieu quand Cosette sera ici. Je la regarderai, cela me fera du bien de voir cette innocente. Elle ne sait rien du tout. C'est un ange, voyez-vous, mes sœurs. À cet âge-là, les ailes, ça n'est pas encore tombé.

M. Madeleine l'allait voir deux fois par jour, et chaque fois elle lui demandait:

— Verrai-je bientôt ma Cosette?

Il lui répondait:

— Peut-être demain matin. D'un moment à l'autre elle arrivera, je l'attends.

Et le visage pâle de la mère rayonnait.

— Oh! disait-elle, comme je vais être heureuse!

Nous venons de dire qu'elle ne se rétablissait pas. Au contraire, son état semblait s'aggraver de semaine en semaine. Cette poignée de neige appliquée à nu sur la peau entre les deux omoplates avait déterminé une suppression subite de transpiration à la suite de laquelle la maladie qu'elle couvait depuis plusieurs années finit par se déclarer violemment. On commençait alors à suivre pour l'étude et le traitement des maladies de poitrine les belles indications de Laënnec. Le médecin ausculta Fantine et hocha la tête.

M. Madeleine dit au médecin:

— Eh bien?

— N'a-t-elle pas un enfant qu'elle désire voir? dit le médecin.

— Oui.

— Eh bien, hâtez-vous de le faire venir.

M. Madeleine eut un tressaillement.

Fantine lui demanda:

— Qu'a dit le médecin?

M. Madeleine s'efforça de sourire.

— Il a dit de faire venir bien vite votre enfant. Que cela vous rendra la santé.

— Oh! reprit-elle, il a raison! Mais qu'est-ce qu'ils ont donc ces Thénardier à me garder ma Cosette! Oh! elle va venir. Voici enfin que je vois le bonheur tout près de moi!

Le Thénardier cependant ne «lâchait pas l'enfant» et donnait cent mauvaises raisons. Cosette était un peu souffrante pour se mettre en route l'hiver. Et puis il y avait un reste de petites dettes criardes dans le pays dont il rassemblait les factures, etc., etc.

— J'enverrai quelqu'un chercher Cosette, dit le père Madeleine. S'il le faut, j'irai moi-même.

Il écrivit sous la dictée de Fantine cette lettre qu'il lui fit signer:

«Monsieur Thénardier,

«Vous remettrez Cosette à la personne.

«On vous payera toutes les petites choses.

«J'ai l'honneur de vous saluer avec considération.

«Fantine.»

Sur ces entrefaites, il survint un grave incident. Nous avons beau tailler de notre mieux le bloc mystérieux dont notre vie est faite, la veine noire de la destinée y reparaît toujours.

Chapitre II: Comment Jean peut devenir Champ

Un matin, M. Madeleine était dans son cabinet, occupé à régler d'avance quelques affaires pressantes de la mairie pour le cas où il se déciderait à ce voyage de Montfermeil, lorsqu'on vint lui dire que l'inspecteur de police Javert demandait à lui parler. En entendant prononcer ce nom, M. Madeleine ne put se défendre d'une impression désagréable. Depuis l'aventure du bureau de police, Javert l'avait plus que jamais évité, et M. Madeleine ne l'avait point revu.

— Faites entrer, dit-il.

Javert entra.

M. Madeleine était resté assis près de la cheminée, une plume à la main, l'œil sur un dossier qu'il feuilletait et qu'il annotait, et qui contenait des procès-verbaux de contraventions à la police de la voirie. Il ne se dérangea point pour Javert. Il ne pouvait s'empêcher de songer à la pauvre Fantine, et il lui convenait d'être glacial.

Javert salua respectueusement M. le maire qui lui tournait le dos. M. le maire ne le regarda pas et continua d'annoter son dossier.

Javert fit deux ou trois pas dans le cabinet, et s'arrêta sans rompre le silence. Un physionomiste qui eût été familier avec la nature de Javert, qui eût étudié depuis longtemps ce sauvage au service de la civilisation, ce composé bizarre du Romain, du Spartiate, du moine et du caporal, cet espion incapable d'un mensonge, ce mouchard vierge, un physionomiste qui eût su sa secrète et ancienne aversion pour M. Madeleine, son conflit avec le maire au sujet de la Fantine, et qui eût considéré Javert en ce moment, se fût dit: que s'est-il passé? Il était évident, pour qui eût connu cette conscience droite, claire, sincère, probe, austère et féroce, que Javert sortait de quelque grand événement intérieur. Javert n'avait rien dans l'âme qu'il ne l'eût aussi sur le visage. Il était, comme les gens violents, sujet aux revirements brusques. Jamais sa physionomie n'avait été plus étrange et plus inattendue. En entrant, il s'était incliné devant M. Madeleine avec un regard où il n'y avait ni rancune, ni colère, ni défiance, il s'était arrêté à quelques pas derrière le fauteuil du maire; et maintenant il se tenait là, debout, dans une attitude presque disciplinaire, avec la rudesse naïve et froide d'un homme qui n'a jamais été doux et qui a toujours été patient; il attendait, sans dire un mot, sans faire un mouvement, dans une humilité vraie et dans une résignation tranquille, qu'il plût à monsieur le maire de se retourner; calme, sérieux, le chapeau à la main, les yeux baissés, avec une expression qui tenait le milieu entre le soldat devant son officier et le coupable devant son juge. Tous les sentiments comme tous les souvenirs qu'on eût pu lui supposer avaient disparu.

Il n'y avait plus rien sur ce visage impénétrable et simple comme le granit, qu'une morne tristesse. Toute sa personne respirait l'abaissement et la fermeté, et je ne sais quel accablement courageux.

Enfin M. le maire posa sa plume et se tourna à demi.

— Eh bien! qu'est-ce? qu'y a-t-il, Javert?

Javert demeura un instant silencieux comme s'il se recueillait, puis éleva la voix avec une sorte de solennité triste qui n'excluait pourtant pas la simplicité:

— Il y a, monsieur le maire, qu'un acte coupable a été commis.

— Quel acte?

— Un agent inférieur de l'autorité a manqué de respect à un magistrat de la façon la plus grave. Je viens, comme c'est mon devoir, porter le fait à votre connaissance.

— Quel est cet agent? demanda M. Madeleine.

— Moi, dit Javert.

— Vous?

— Moi.

— Et quel est le magistrat qui aurait à se plaindre de l'agent?

— Vous, monsieur le maire.

M. Madeleine se dressa sur son fauteuil. Javert poursuivit, l'air sévère et les yeux toujours baissés:

— Monsieur le maire, je viens vous prier de vouloir bien provoquer près de l'autorité ma destitution.

M. Madeleine stupéfait ouvrit la bouche. Javert l'interrompit.

— Vous direz, j'aurais pu donner ma démission, mais cela ne suffit pas. Donner sa démission, c'est honorable. J'ai failli, je dois être puni. Il faut que je sois chassé.

Et après une pause, il ajouta:

— Monsieur le maire, vous avez été sévère pour moi l'autre jour injustement. Soyez-le aujourd'hui justement.

— Ah çà! pourquoi? s'écria M. Madeleine. Quel est ce galimatias? qu'est-ce que cela veut dire? où y a-t-il un acte coupable commis contre moi par vous? qu'est-ce que vous m'avez fait? quels torts avez-vous envers moi? Vous vous accusez, vous voulez être remplacé...

— Chassé, dit Javert.

— Chassé, soit. C'est fort bien. Je ne comprends pas.

— Vous allez comprendre, monsieur le maire.

Javert soupira du fond de sa poitrine et reprit toujours froidement et tristement:

— Monsieur le maire, il y a six semaines, à la suite de cette scène pour cette fille, j'étais furieux, je vous ai dénoncé.

— Dénoncé!

— À la préfecture de police de Paris.

M. Madeleine, qui ne riait pas beaucoup plus souvent que Javert, se mit à rire.

— Comme maire ayant empiété sur la police?

— Comme ancien forçat.

Le maire devint livide.

Javert, qui n'avait pas levé les yeux, continua:

— Je le croyais. Depuis longtemps j'avais des idées.

Une ressemblance, des renseignements que vous avez fait prendre à Faverolles, votre force des reins, l'aventure du vieux Fauchelevent, votre adresse au tir, votre jambe qui traîne un peu, est-ce que je sais, moi? des bêtises! mais enfin je vous prenais pour un nommé Jean Valjean.

— Un nommé?... Comment dites-vous ce nom-là?

— Jean Valjean. C'est un forçat que j'avais vu il y a vingt ans quand j'étais adjudant-garde-chiourme à Toulon. En sortant du bagne, ce Jean Valjean avait, à ce qu'il paraît, volé chez un évêque, puis il avait commis un autre vol à main armée, dans un chemin public, sur un petit savoyard. Depuis huit ans il s'était dérobé, on ne sait comment, et on le cherchait. Moi je m'étais figuré... Enfin, j'ai fait cette chose! La colère m'a décidé, je vous ai dénoncé à la préfecture.

M. Madeleine, qui avait ressaisi le dossier depuis quelques instants, reprit avec un accent de parfaite indifférence:

— Et que vous a-t-on répondu?

— Que j'étais fou.

— Eh bien?

— Eh bien, on avait raison. donc pas le sinvre, dit Brevet. Tu es Jean Valjean! Tu as été au bagne de Toulon. Il y a vingt ans. Nous y étions ensemble. — Le Champmathieu nie. Parbleu! vous comprenez. On approfondit. On me fouille cette aventure-là. Voici ce qu'on trouve: ce Champmathieu, il y a une trentaine d'années, a été ouvrier émondeur d'arbres dans plusieurs pays, notamment à Faverolles. Là on perd sa trace. Longtemps après, on le revoit en Auvergne, puis à Paris, où il dit avoir été charron et avoir eu une fille blanchisseuse, mais cela n'est pas prouvé; enfin dans ce pays-ci. Or, avant d'aller au bagne pour vol qualifié, qu'était Jean Valjean? émondeur. Où? à Faverolles. Autre fait. Ce Valjean s'appelait de son nom de baptême Jean et sa mère se nommait de son nom de famille Mathieu. Quoi de plus naturel que de penser qu'en sortant du bagne il aura pris le nom de sa mère pour se cacher et se sera fait appeler Jean Mathieu? Il va en Auvergne. De *Jean* la prononciation du pays fait *Chan*, on l'appelle Chan Mathieu. Notre homme se laisse faire et le voilà transformé en Champmathieu. Vous me suivez, n'est-ce pas? On s'informe à Faverolles. La famille de Jean Valjean n'y est plus. On ne sait plus où elle est. Vous savez, dans ces classes-là, il y a souvent de ces évanouissements d'une famille. On cherche, on ne trouve plus rien. Ces gens-là, quand ce n'est pas de la boue, c'est de la poussière. Et puis, comme le commencement de ces histoires date de trente ans, il n'y a plus personne à Faverolles qui ait connu Jean Valjean. On s'informe à Toulon. Avec Brevet, il n'y a plus que deux forçats qui aient vu Jean Valjean. Ce sont les condamnés à vie Cochepaille et Chenildieu. On les extrait du bagne et on les fait venir. On les confronte au prétendu Champmathieu. Ils n'hésitent pas. Pour eux comme pour Brevet, c'est Jean Valjean. Même âge, il a cinquante-quatre ans, même taille, même air, même homme enfin, c'est lui. C'est en ce moment-là même que j'envoyais ma dénonciation à la préfecture de Paris. On me répond que je perds l'esprit et que Jean Valjean est à Arras au pouvoir de la justice. Vous concevez si cela m'étonne, moi qui croyais tenir ici ce même Jean Valjean! J'écris à monsieur le juge d'instruction. Il me fait venir, on m'amène le Champmathieu...

— Eh bien? interrompit M. Madeleine.

Javert répondit avec son visage incorruptible et triste:

— Monsieur le maire, la vérité est la vérité. J'en suis fâché, mais c'est cet homme-là qui est Jean Valjean. Moi aussi je l'ai reconnu.

53

M. Madeleine reprit d'une voix très basse:

— Vous êtes sûr?

Javert se mit à rire de ce rire douloureux qui échappe à une conviction profonde:

— Oh, sûr!

Il demeura un moment pensif, prenant machinalement des pincées de poudre de bois dans la sébille à sécher l'encre qui était sur la table, et il ajouta:

— Et même, maintenant que je vois le vrai Jean Valjean, je ne comprends pas comment j'ai pu croire autre chose. Je vous demande pardon, monsieur le maire.

En adressant cette parole suppliante et grave à celui qui, six semaines auparavant, l'avait humilié en plein corps de garde et lui avait dit: sortez! Javert, cet homme hautain, était à son insu plein de simplicité et de dignité. M. Madeleine ne répondit à sa prière que par cette question brusque:

— Et que dit cet homme?

— Ah, dame! monsieur le maire, l'affaire est mauvaise. Si c'est Jean Valjean, il y a récidive. Enjamber un mur, casser une branche, chiper des pommes, pour un enfant, c'est une polissonnerie; pour un homme, c'est un délit; pour un forçat, c'est un crime. Escalade et vol, tout y est. Ce n'est plus la police correctionnelle, c'est la cour d'assises. Ce n'est plus quelques jours de prison, ce sont les galères à perpétuité. Et puis, il y a l'affaire du petit savoyard que j'espère bien qui reviendra. Diable! il y a de quoi se débattre, n'est-ce pas? Oui, pour un autre que Jean Valjean. Mais Jean Valjean est un sournois. C'est encore là que je le reconnais. Un autre sentirait que cela chauffe; il se démènerait, il crierait, la bouilloire chante devant le feu, il ne voudrait pas être Jean Valjean, et caetera. Lui, il n'a pas l'air de comprendre, il dit: Je suis Champmathieu, je ne sors pas de là! Il a l'air étonné, il fait la brute, c'est bien mieux. Oh! le drôle est habile. Mais c'est égal, les preuves sont là. Il est reconnu par quatre personnes, le vieux coquin sera condamné. C'est porté aux assises, à Arras. Je vais y aller pour témoigner. Je suis cité.

M. Madeleine s'était remis à son bureau, avait ressaisi son dossier, et le feuilletait tranquillement, lisant et écrivant tour à tour comme un homme affairé. Il se tourna vers Javert:

— Assez, Javert. Au fait, tous ces détails m'intéressent fort peu. Nous perdons notre temps, et nous avons des affaires pressées. Javert, vous allez vous rendre sur-le-champ chez la bonne femme Buseaupied qui vend des herbes là-bas au coin de la rue Saint-Saulve. Vous lui direz de déposer sa plainte contre le charretier Pierre Chesnelong. Cet homme est un brutal qui a failli écraser cette femme et son enfant. Il faut qu'il soit puni. Vous irez ensuite chez M. Charcellay, rue Montre-de-Champigny. Il se plaint qu'il y a une gouttière de la maison voisine qui verse l'eau de la pluie chez lui, et qui affouille les fondations de sa maison. Après vous constaterez des contraventions de police qu'on me signale rue Guibourg chez la veuve Doris, et rue du Garraud-Blanc chez madame Renée Le Bossé, et vous dresserez procès-verbal. Mais je vous donne là beaucoup de besogne. N'allez-vous pas être absent? ne m'avez-vous pas dit que vous alliez à Arras pour cette affaire dans huit ou dix jours?...

— Plus tôt que cela, monsieur le maire.

— Quel jour donc?

— Mais je croyais avoir dit à monsieur le maire que cela se jugeait demain et que je partais par la diligence cette nuit.

M. Madeleine fit un mouvement imperceptible.

— Et combien de temps durera l'affaire?

— Un jour tout au plus. L'arrêt sera prononcé au plus tard demain dans la nuit. Mais je n'attendrai pas l'arrêt, qui ne peut manquer. Sitôt ma déposition faite, je reviendrai ici.

— C'est bon, dit M. Madeleine.

Et il congédia Javert d'un signe de main.

Javert ne s'en alla pas.

— Pardon, monsieur le maire, dit-il.

— Qu'est-ce encore? demanda M. Madeleine.

— Monsieur le maire, il me reste une chose à vous rappeler.

— Laquelle?

— C'est que je dois être destitué.

M. Madeleine se leva.

— Javert, vous êtes un homme d'honneur, et je vous estime. Vous vous exagérez votre faute. Ceci d'ailleurs est encore une offense qui me concerne. Javert, vous êtes digne de monter et non de descendre. J'entends que vous gardiez votre place.

Javert regarda M. Madeleine avec sa prunelle candide au fond de laquelle il semblait qu'on vit cette conscience peu éclairée, mais rigide et chaste, et il dit d'une voix tranquille:

— Monsieur le maire, je ne puis vous accorder cela.

— Je vous répète, répliqua M. Madeleine, que la chose me regarde.

Mais Javert, attentif à sa seule pensée, continua:

— Quant à exagérer, je n'exagère point. Voici comment je raisonne. Je vous ai soupçonné injustement. Cela, ce n'est rien. C'est notre droit à nous autres de soupçonner, quoiqu'il y ait pourtant abus à soupçonner au-dessus de soi. Mais, sans preuves, dans un accès de colère, dans le but de me venger, je vous ai dénoncé comme forçat, vous, un homme respectable, un maire, un magistrat! ceci est grave. Très grave. J'ai offensé l'autorité dans votre personne, moi, agent de l'autorité! Si l'un de mes subordonnés avait fait ce que j'ai fait, je l'aurais déclaré indigne du service, et chassé. Eh bien? — Tenez, monsieur le maire, encore un mot. J'ai souvent été sévère dans ma vie. Pour les autres. C'était juste. Je faisais bien. Maintenant, si je n'étais pas sévère pour moi, tout ce que j'ai fait de juste deviendrait injuste. Est-ce que je dois m'épargner plus que les autres? Non. Quoi! je n'aurais été bon qu'à châtier autrui, et pas moi! mais je serais un misérable! mais ceux qui disent: ce gueux de Javert! auraient raison! Monsieur le maire, je ne souhaite pas que vous me traitiez avec bonté, votre bonté m'a fait faire assez de mauvais sang quand elle était pour les autres. Je n'en veux pas pour moi. La bonté qui consiste à donner raison à la fille publique contre le bourgeois, à l'agent de police contre le maire, à celui qui est en bas contre celui qui est en haut, c'est ce que j'appelle de la mauvaise bonté. C'est avec cette bonté-là que la société se désorganise. Mon Dieu! c'est bien facile d'être bon, le malaisé c'est d'être juste. Allez! si vous aviez été ce que je croyais, je n'aurais pas été bon pour vous, moi! vous auriez vu! Monsieur le maire, je dois me traiter comme je traiterais tout autre. Quand je réprimais des malfaiteurs, quand je sévissais sur des gredins, je me suis souvent dit à moi-même: toi, si tu bronches, si jamais je te prends en faute, sois tranquille! — J'ai bronché, je me prends en faute, tant pis! Allons, renvoyé, cassé, chassé! c'est bon. J'ai des bras, je travaillerai à la terre, cela m'est égal. Monsieur le maire, le bien du service veut un exemple. Je demande simplement la destitution de l'inspecteur Javert.

Tout cela était prononcé d'un accent humble, fier, désespéré et convaincu qui donnait je ne sais quelle grandeur bizarre à cet étrange honnête homme.

— Nous verrons, fit M. Madeleine.

Et il lui tendit la main.

Javert recula, et dit d'un ton farouche:

— Pardon, monsieur le maire, mais cela ne doit pas être. Un maire ne donne pas la main à un mouchard.

Il ajouta entre ses dents:

— Mouchard, oui; du moment où j'ai médusé de la police, je ne suis plus qu'un mouchard.

Puis il salua profondément, et se dirigea vers la porte.

Là il se retourna, et, les yeux toujours baissés:

— Monsieur le maire, dit-il, je continuerai le service jusqu'à ce que je sois remplacé.

Il sortit. M. Madeleine resta rêveur, écoutant ce pas ferme et assuré qui s'éloignait sur le pavé du corridor.

Lightning Source UK Ltd.
Milton Keynes UK
UKOW042013150413

209269UK00002B/400/P